CHAMPFLEURY

MADAME EUGENIO

HISTOIRE DU LIEUTENANT VALENTIN
LE MARRONNIER
LES BRAS DE LA VÉNUS DE MILO — LES DEUX AMIS
LA SONNETTE DE M. BERLOQUIN

PARIS
CHARPENTIER ET Cⁱᵉ, LIBRAIRES-ÉDITEURS
28, QUAI DU LOUVRE, 28

1874

Tous droits réservés

MADAME EUGENIO

DU MÊME AUTEUR

DANS LA BIBLIOTHÈQUE-CHARPENTIER

à 3 fr. 50 le vol.

Les Amoureux de Sainte-Périne. Nouvelle édition. . . . . 1 vol.

A MON AMI

EUGÈNE LABICHE

HISTOIRE

DU LIEUTENANT VALENTIN

HISTOIRE DU LIEUTENANT VALENTIN

. . . .
. . . Le campement le plus agréable de ma vie, dit un officier à moustaches grises, fut une chambrette de trois mètres carrés, dont les murs étaient peints à la chaux et qui n'avait pour tout ornement que de longs rideaux blancs aux fenêtres.

— Mais c'est une cellule de couvent dont vous nous parlez, capitaine.

— A peu près. Pourtant je ne me rappelle pas avoir été jamais mieux logé, et quand, par hasard, l'ennui me prend, je ferme les yeux et j'évoque cette petite chambre si blanche que j'habitais un mois après ma sortie de Saint-Cyr.

Il était de bonne heure. Le café fumait dans les tasses; les cigares étaient allumés. Les soirées sont longues au bivouac. Le capitaine, qui vit la curiosité dans les yeux de ses camarades, ne se fit pas prier.

— J'avais alors dix-huit ans et je sortais de l'école avec le grade de sous-lieutenant, à une époque où l'armée n'était plus sous le coup de l'illusion qui fait que tout jeune homme, ayant passé ses examens, ne doute de rien et se croit immanquablement appelé à commander plus tard une brigade. C'était au commencement de 1848. Tout le prestige militaire appartenait à la garde mobile, qui avait d'ailleurs vaillamment combattu sur les barricades. A cette date, Paris n'avait pas retrouvé son assiette habituelle. L'insurrection était vaincue ; mais les esprits subissaient encore le contre-coup d'agitations populaires qui ne s'apaisent pas avec la régularité des flots. On ne pensait guère aux plaisirs : le commerce languissait, les étrangers avaient disparu ; à leur place était venu un hôte qui n'amène pas avec lui un cortège de fêtes et de réjouissances, le choléra... Peu de chose qu'une épidémie quand l'homme est occupé, mais désagréable quand il n'a rien à faire. J'étais inoccupé ; pour passer le temps, je lisais chaque jour les journaux remplis de sinistres bulletins. Le choléra était entré comme une trombe par les faubourgs ; comme une trombe il suivait sa marche, frappant un quartier un jour pour s'abattre dans un autre le lendemain, et se rapprochant du centre où je demeurais.

Une nuit, je fus réveillé brusquement, pris d'un singulier frisson ; mes dents claquaient ; une terreur singulière s'était emparée de moi. Je n'eus que le temps de sonner le garçon d'hôtel pour qu'il allât chercher un médecin. « Adieu, mon pauvre Valentin ! »

pensais-je. Et tristement je songeai à ma mère, à ma sœur, à ma carrière qu'un coup d'aile de cette diable de maladie brisait tout à coup.

Le médecin étant arrivé me tâta le pouls.

— Ce n'est qu'une fausse alerte, dit-il. Soyez tranquille ; il n'est entré ici que la cousine du choléra... Buvez ceci pour réagir contre la cholérine.

Et il versa dans un verre une liqueur réconfortante qui, tout de suite, m'enleva la folle terreur dont j'avais été pris. Le médecin parti, je roulai une cigarette. « Allons, me dis-je, en aspirant la fumée avec une jouissance toute particulière, mon tour n'est pas encore arrivé. » Et je m'endormis tranquillement.

Le lendemain cependant j'avais l'estomac en désarroi ; aucune nourriture ne me tentait. « Il faut boire du thé, monsieur Valentin, » me dit la maîtresse d'hôtel, qui me trouvait pâle. Je la remerciai, pris du thé comme une Anglaise et j'allai me promener ; mais vers le soir mes jambes commencèrent à refuser le service, et mon front se perlait d'une sueur de faiblesse qui résultait de l'assaut de la nuit dernière. Il en fut de même pendant quelques jours ; mes forces s'en allaient et avec elles la gaieté. Je me traînais et je voyais la vie en jaune.

C'est alors que la méthode curative inventée par Raspail fut décidément acceptée par la mode. On ne voyait à l'étalage des libraires que le *Manuel de la Santé*, propre à se traiter soi-même et à prévenir des atteintes du choléra ; mais, pour obéir aux prescriptions du célèbre docteur, huit heures sur douze n'étaient pas de trop. C'étaient des lotions, des bains, des ablutions sans relâche : il fallait modifier la décoration des appartements ; jusqu'aux potages eux-mêmes devaient être préparés suivant la méthode Raspail.

De même que la plupart des réformateurs, M. Raspail s'attaquait aux passions et aux jouissances. Toutefois, aux gourmets il permettait un petit verre de sa liqueur.

Ce que ce praticien dut tuer de fidèles fut considérable. Il n'y a pas d'empoisonneur plus dangereux que le malade acharné à se guérir lui-même. Le camphre, l'assa fœtida, le tabac, qui forment le fond curatif du *Manuel de la Santé*, firent une rude concurrence au choléra. Ces irritants, prônés par les portières, causèrent certainement autant de ravages qu'une fameuse panacée antérieure, la médecine Leroy, à l'aide de laquelle un chirurgien militaire mettait à pied pour toujours un régiment de cuirassiers, hommes et chevaux.

J'en parle encore avec amertume, car la méthode Raspail ne me réussit pas, et j'en arrivai de jour en jour à perdre toutes mes forces. Je n'étais pas malade à proprement dire ; seulement mon état de faiblesse touchait à la prostration, et mon imagination avait suivi le corps dans sa déroute. La nuit, j'étais pris de singulières terreurs ; des cauchemars affreux s'emparaient de ma couche, pesaient sur moi, et je me réveillais hagard, n'osant me rendormir de peur de me retrouver en proie à de pareilles visions. J'ai, depuis, passé par bien d'autres dangers ; plus d'une fois la mort s'est montrée menaçante dans des embuscades au milieu de nos ennemis, jamais je n'ai éprouvé de terreur semblable à celle qu'évoquaient au réveil les cauchemars amenés par l'abus du camphre.

Le choléra continuait son épouvantable jeu. Je le sentais tournoyer autour de moi. La nuit le monstre venait m'éveiller en sursaut, et vert et tremblant, je me disais : « Tu as déjà fait connaissance avec la cousine, le cousin n'est pas loin. » Mais je ne riais pas, étant en proie à une obsession qui triomphait de ma volonté.

Un jour, je rencontrai un ami de ma famille, qui était économe d'un hôpital. — Qu'avez-vous, mon pauvre Valentin? me dit-il ; je vous trouve la mine funèbre.

Lui ayant fait part de mon état. « Pourquoi, ajouta-t-il, n'êtes-vous pas venu me voir? Vous seriez déjà guéri. Nous avons justement un pavillon libre à votre service ; venez vous y installer, nous vous soignerons de notre mieux. — Je fais partie de l'armée, dis-je, et ma véritable place est au Val-de-Grâce. — Si vous m'en croyez, Valentin, me dit-il, n'entrez pas là. Le Val-de-Grâce est plein de cholériques. Un tel spectacle aurait une influence fâcheuse sur votre état. Nous avons été favorisés dans le quartier, l'épidémie jusqu'ici a respecté notre maison. Apportez demain votre petit bagage avant l'heure de la visite... Vous serez à merveille, dans un pavillon, à côté de gens bien portants du côté de l'estomac... C'est le service chirurgical dirigé par le célèbre chirurgien Dupuis... Quand vous voudrez me voir, ajouta-t-il, je suis toute la journée à mon bureau ; si vous aimez la promenade, le directeur mettra son jardin à votre disposition. Sitôt que vous reprendrez des forces, le règlement fermera les yeux et vous laissera vaquer à vos affaires ou à vos plaisirs au dehors. Est-ce convenu ? »

Il était difficile de ne pas accepter des propositions faites d'une façon si cordiale. Le soir même je préparai ma valise et j'y introduisis deux ouvrages dont m'avait fait cadeau un professeur un peu mystique de Saint-Cyr qui, me mettant en main une Bible et le *Traité de l'amour scortatoire*, de Swedenborg, m'avait dit : — « Ce sont d'excellentes lectures d'hôpital. » Il entendait sans doute par là que ces livres étaient endormants, et je les emportai, en effet, en guise d'oreiller.

Le lendemain, je quittai sans regrets l'hôtel où je logeais. Seul, je pouvais mourir sans personne près de moi. A l'hôpital où j'allais, je n'étais plus isolé, grâce à l'aimable économe. Autant certaines gens franchissent avec appréhension le seuil de l'hôpital, autant les murs de la façade me réconfortèrent le moral.

Tout d'abord je fus conduit par mon ami l'économe à la chambrette aux rideaux blancs dont je vous parlais. L'exquise propreté, le brillant des carreaux, la tranquillité du lieu, changèrent tout à coup la face de mon âme abattue. Il me semblait que quelque chose de blanc, d'immaculé, s'infiltrait en moi, battant de l'aile comme une colombe et se réjouissant de mon entrée dans le pavillon. Les longs corridors que j'avais traversés pour me rendre à l'endroit désigné, la largeur d'anciens escaliers, la hauteur des voûtes, loin de pousser à la tristesse, offraient comme un port de salut à mon corps battu par de morbides anxiétés. L'esprit déjà rasséréné, je me glissai dans un petit lit dont les draps blancs et frais me causèrent une sensation agréable.

Je n'y étais pas de quelques instants, qu'une cloche se fit entendre, dont les tintements ressemblaient à la sonnerie d'une maison de campagne. C'était le signal de l'arrivée des médecins. Un certain mouvement s'opéra alors dans la salle voisine de mon pavillon qui touchait au service des blessés. Évidemment chacun se mettait sous les armes pour attendre la visite, et ce fut avec émotion que j'entendis les marches du grand escalier résonner sous des pas nombreux et les hautes voûtes retentir de paroles de bonne humeur. Il me semblait que la santé montait en compagnie du chirurgien et de ses élèves, car c'est un grand soulagement pour le malade de savoir qu'à heure fixe se présente à son chevet un praticien attentif, qui consacre ses premiers soins à de pauvres diables avant d'aller en ville chez des clients où il arrive fatigué et sans l'inappréciable coup d'œil du matin.

Le bruit de pas qui s'était éteint se fit entendre de

nouveau, et bientôt entra dans mon pavillon tout un groupe, le chirurgien en tête, reconnaissable à un tablier blanc, à ses côtés les internes, le chef du service de pharmacie, et, derrière, de jeunes étudiants avides de recueillir les enseignements du maître. Dans le fond de la chambre se tenait une religieuse.

— Contez-moi votre petite affaire, lieutenant, me dit le chirurgien en me prenant la main.

C'était un gros homme à face colorée et marquée de petite vérole que le chirurgien Dupuis, sur les traits duquel étaient peintes la franchise et la cordialité. Je dis l'atteinte épidémique qui m'avait réduit à l'état de faiblesse où je me trouvais et je n'oubliai pas l'effet désastreux qu'avait produit sur moi la méthode Raspail.

— Pupilles dilatées, embarras gastro-entérique, dit le chirurgien.

Et se tournant vers le pharmacien qui tenait la plume :

— Trois grammes d'ipéca, demi-portion, eau de Vichy.

M'ayant serré la main, le chirurgien ajouta :

— Ce ne sera rien, lieutenant; nous vous remettrons bientôt sur pied... Après déjeuner, levez-vous et prenez de la distraction.

Puis le service médical prit sa volée, me laissant l'esprit plus tranquille. Il me semblait que déjà je retrouvais mes jambes pour aller embrasser ma mère avant d'entrer au régiment. Quelle différence avec ces médecins d'hôtel garni qui se font attendre une demi-journée, arrivent éreintés comme des chevaux de fiacre, vous regardent à peine et griffonnent à la diable une ordonnance en laquelle le malade n'a nulle confiance ! Le chirurgien Dupuis m'avait rendu tout de suite l'espoir ; et quoique j'aie particulièrement horreur de l'ipécacuana et de ses tourmentes, ce fut avec résignation que je regardai la topette d'eau chaude que vint bientôt m'apporter un infirmier.

Peu après son départ, on frappa discrètement à ma porte.

— Entrez, dis-je.

Alors se présenta une religieuse qui me trouva en contemplation devant la drogue. J'avais sans doute la mine soucieuse.

— Il ne faut pas trop y penser, monsieur le lieutenant, me dit la sœur... Un peu de courage, cela sera si tôt fait... Vous m'obéirez, n'est-ce pas ?

— Oui, ma sœur, dis-je.

— Avant de vous quitter, je veux vous voir boire le premier verre.

Le verre devait tenir une pinte. Pour témoigner de mon courage, j'avalai d'un trait la terrible eau tiède.

— Très-bien, dit la religieuse... Demain, je rendrai compte à M. Dupuis de la bonne volonté de son malade.

La sœur sortit après ces paroles encourageantes, et je continuai à m'ingurgiter la drogue dont je n'ai pas besoin de vous dire l'effet ; mais tout de suite après la secousse, il me sembla que je me trouvais mieux. Et quand l'heure du déjeuner sonna, je fis honneur à la demi-ration que l'infirmier m'apportait. Après quoi je me levai, revêtis le costume de la maison qui devait remplacer mes habits d'uniforme, et je descendis dans une cour ombragée d'arbres, où les malades qui pouvaient marcher prenaient leur récréation. Les uns, assis sur des bancs ou étendus à terre dans l'encoignure des murs, réchauffaient leurs membres amaigris aux rayons du soleil ; d'autres jouaient à divers jeux ; quelques-uns causaient ou fumaient, et tous ces grossiers costumes de drap gris et ces bonnets de toile, qui produisent une triste impression sur les gens des villes, me faisaient penser au costume militaire un peu rigide des soldats du train.

Comme dans toute agglomération d'hommes, on remarquait tout de suite les gens qui n'étaient pas du commun. Il y en avait qui trouvaient moyen de se draper dans la capote taillée sur un unique spécimen ; d'autres chiffonnaient de telle sorte le sac de toile blanche qui leur servait de coiffure, que ce chiffon prenait une sorte de caractère.

Comment se passe le temps à l'hôpital, c'est ce dont il ne me souvient guère. Il s'écoulait pour moi si facilement, qu'au bout d'une huitaine je n'avais rendu qu'une visite à mon ami l'économe, afin de ne pas le troubler dans ses occupations.

— Ne vous étonnez pas, me dit-il un jour que je le rencontrai, si vous n'avez pas régulièrement votre côtelette à déjeuner... Je fais de mon mieux; mais il m'est difficile d'outre-passer trop visiblement le règlement; et, pour ne pas me faire accuser de favoritisme, j'ai dû ne vous en envoyer encore que deux dans la semaine.

— J'ignorais, dis-je, que la côtelette fût une faveur, sans quoi je n'eusse pas manqué de vous remercier de votre attention. Mais je n'en ai pas manqué un seul jour, et chaque fois elle m'a paru excellente.

L'économe parut étonné de cette prodigalité de côtelettes.

— Ainsi, s'écria-t-il, on vous en donne tous les matins?

— Tous les matins.

— Il faut, reprit l'économe, que vous ayez conquis les bonnes grâces de nos sœurs... Elles jouissent de certains priviléges, et ce que vous m'apprenez ne devrait pas me surprendre...

— Je ne me rappelle, dis-je, avoir attiré autrement l'attention des sœurs qu'en les aidant à écosser des pois.

— Mon cher Valentin, dit l'économe, vos parents n'ont pas à s'embarrasser de votre avenir, vous ferez votre chemin.

Je le regardai un peu surpris.

— Vous êtes fin, reprit-il en souriant. Un sous-lieutenant qui écosse des pois!... Je n'ai plus désormais à m'inquiéter de douceurs pour vos repas.

La vérité que l'économe ne put entendre, car il m'avait quitté là-dessus, était qu'une après-midi, rôdant par les corridors, je m'étais arrêté devant la porte outr'ouverte d'une grande salle où les religieuses étaient occupées à la préparation du repas. Les murs blancs de l'endroit sur lesquels se détachaient les vêtements de laine des sœurs, l'application qu'elles portaient à leur travail, le contentement placide qu'elles semblaient y trouver, firent que je regardai quelque temps ce tableau.

— Vous pouvez entrer, lieutenant, me dit la sœur Sainte-Marie, chargée du service de mon pavillon.

J'avançai avec quelque hésitation dans la salle où se trouvaient réunies une dizaine de sœurs, la plupart jeunes, presque toutes remarquables par la pureté de leur teint.

L'une m'avança un tabouret, une autre me donna un tablier blanc, une troisième l'emplit de verdures, et je ne me souviens pas avoir jamais accompli une besogne plus agréable.

Les religieuses aimaient à babiller et souriaient volontiers. Les premiers pois que j'écossai, je les laissai tomber à terre, ayant mal calculé la distance qui me séparait d'une grande marmite posée au centre du cercle formé par les religieuses, et ce fut pour la communauté un sujet de distraction.

En ce moment, je ne songeais guère à mes beaux rêves de l'École militaire. J'étais sorti de Saint-Cyr, désireux de faire honneur à ma première épaulette, pensant quelquefois à un de ces milieux où se distribuent de si furieux coups de sabre que ceux qui en réchappent sont portés à l'ordre du jour de l'armée.

Et, à cette heure, il me semblait que la véritable existence heureuse et souhaitable était d'écosser des pois en compagnie des sœurs de charité.

Ceci vous expliquera pourquoi un si mince service rendu aux religieuses m'était payé par des prévenances et des soins que n'avait pas prévus mon ami l'économe. Dans les corridors que traversaient sans cesse les sœurs pour les besoins du service, je ne pouvais rencontrer l'une d'elles qu'elle ne m'accueillît d'un sourire aimable. Le matin, pendant la visite, quand le chirurgien me tâtait le pouls, la sœur Sainte-Marie obéissait sans doute aux recommandations de sa supérieure, car je n'étais pas sans remarquer qu'elle cherchait dans les yeux du docteur Dupuis s'ils constataient une amélioration dans mon état.

Il faut dire que certains malades n'étaient pas aussi dociles à traiter que moi. Plus d'une fois, dans les cours, j'entendis les récriminations de gens qui, regrettant sans doute leur liberté, s'en prenaient au directeur, aux médecins, aux sœurs, de la longueur du traitement qui les retenait à l'hôpital. Il y avait surtout parmi ces malades des êtres grossiers qui me scandalisaient par leurs méchants propos.

— Est-elle assez impérieuse! dit un jour l'un de ces gens, en parlant de la sœur Sainte-Marie.

Digne et sainte fille, que sa mission ne protégeait pas contre de telles injures! Jamais je n'ai vu plus de douceur. Quand elle venait savoir de mes nouvelles, on eût dit qu'une ombre entr'ouvrait la porte pour empêcher les gonds de crier. Elle glissait sur les carreaux plutôt qu'elle n'y posait le pied. Jeune, fraîche, pleine de santé, elle avait sacrifié de gaieté de cœur ses charmes pour se consacrer tout entière aux soins des souffrants. Combien les hommes sont ingrats ! Je ne sais ce qui m'arrêta de prendre devant ces malades exigeants la défense de la sœur Sainte-Marie ; mais je me promis de lui faire oublier ces injustices que peut-être elle n'ignorait pas, car à l'hôpital tout se sait.

Un jour que la sœur supérieure me demandait de mes nouvelles en me rencontrant : — Allons, dit-elle, vous allez mieux ; mais pourquoi, lieutenant, lisez-vous de mauvais livres ?

Là-dessus, elle me quitta, me laissant confondu et hors d'état de répondre. De mauvais livres ! D'où partait une semblable accusation, sur quoi était-elle basée ? Je n'avais pas eu le temps jusque-là d'ouvrir un seul des volumes que j'avais apportés, et ces livres étaient de ceux particulièrement que les esprits les plus pieux admettent : la *Bible* et *Swedenborg*, c'est-à-dire le fondement de la foi, et ce qui contribue à l'exalter.

Un peu ému de ce reproche, fait d'ailleurs avec plus de sympathie que de réprimande, je pris le chemin de ma chambrette, et ce qui me frappa tout d'abord en entrant furent les trois volumes posés sur une planchette au-dessus de mon lit. Pour la première fois, j'ouvris la Bible, l'esprit préoccupé du rapport singulier que quelques mauvaises langues avaient fait à la supérieure. En feuilletant machinalement le volume, je tombai sur la première page, et tout me fut expliqué. Cette Bible, en effet, devait passer pour un mauvais livre auprès des sœurs. C'était une édition protestante à laquelle je n'avais pas pris garde jusqu'alors. La communauté me regardait comme un parpaillot pour avoir introduit dans l'hôpital un ouvrage à l'usage des réformés. Quant au livre de Swedenborg, dont j'essayai de lire quelques pages sans m'intéresser à des extases d'un ordre trop mystique pour un élève de Saint-Cyr, il se pouvait que le titre de *Traité de l'amour scortatoire* eût effarouché la communauté. Mais la communauté n'entrait pas dans ma cellule! Jamais la supérieure n'en avait passé le seuil. Et les livres posés sur une planchette au-dessus de mon lit, à une certaine hauteur, ne pouvaient être pris à la main.

Comme je faisais cette instruction rapide, la porte s'ouvrit doucement, et la sœur Sainte-Marie apparut. Son visage aussitôt se couvrit de rougeur, et d'une voix émue :

— Je vous dérange, fit-elle.

Cette entrée fut une révélation pour moi.

— Au contraire, ma sœur; j'avais justement un mot à vous dire.

Embarrassée, la religieuse restait sur le seuil de la porte.

— Croiriez-vous, ma sœur, que la supérieure m'accuse d'introduire ici de mauvais livres?

La sœur Sainte-Marie était visiblement troublée.

— C'est une Bible, dis-je en lui montrant le gros

volume que je tenais, une Bible traduite par un protestant, mais qui n'en est pas moins la Bible... La supérieure me prend-elle pour un calviniste ? Je suis catholique, ma sœur, et ma mère est une femme d'une grande piété.

— Ah! fit la sœur Sainte-Marie avec une satisfaction qu'elle ne cherchait pas à dissimuler.

— Quant à l'autre livre...

Je me levai pour le présenter à la religieuse.

— C'est inutile, fit-elle en avançant la main pour repousser le volume.

— Mais je tiens à me justifier...

— On m'attend, je suis pressée, dit la sœur Sainte-Marie en fermant la porte.

L'attitude de la religieuse quand elle me trouva dans ma cellule, sa précipitation à sortir, me donnèrent la clef de la petite mercuriale que m'avait infligée la supérieure. Il était certain pour moi que, pendant mon absence, la sœur Sainte-Marie, fille d'Ève comme toutes les femmes, avait jeté un coup d'œil sur ma bibliothèque. Peut-être la règle de l'ordre auquel elle appartenait lui faisait-elle un devoir de prévenir la supérieure des moindres faits particuliers aux malades. Et cependant il m'en coûtait que la religieuse eût fait un rapport me concernant, quoique le zèle pieux qui lui avait fait commettre une bévue me fît sourire, car pas un malade, à ma connaissance, n'était muni de livres aussi pieux que les miens. J'en voyais dans les cours qui lisaient des journaux qui n'avaient rien de commun avec le *Bul-*

letin du Sacré-Cœur; d'autres se promenaient, dévorant des volumes qui sentaient le cabinet de lecture. Et c'était moi, en possession d'une Bible et d'un livre mystique, qu'on accusait d'introduire dans l'hôpital de mauvaises doctrines!

Cet incident me sembla assez piquant pour en régaler les oreilles de l'économe.

— Vous avez raison, me dit-il, le coup doit partir de la sœur Sainte-Marie, qui est très-pieuse. Je vous engage fort à vous disculper près d'elle, si vous ne voulez vous mettre à dos toute la communauté.

— Mais je suis innocent.

— Qu'importe! il faut obtenir votre pardon.

— Demain, pensai-je, j'essayerai de me justifier auprès de la sœur Sainte-Marie.

Car elle venait chaque jour, à la suite des repas, s'inquiéter si je ne manquais de rien.

Le lendemain, la sœur ne parut pas au déjeuner. Également elle s'absenta au dîner, et cette absence jeta une ombre dans mon esprit. C'était pour moi le plus agréable des desserts que l'apparition de la religieuse pendant mes repas, quoique sa visite ne durât pas plus de quelques secondes et amenât presque invariablement les mêmes motifs de conversation; mais il n'est pas de médecin qui puisse remplacer la sœur de charité. Quelque chose de supérieur même à la famille ressort de son service; j'aurais été soigné par ma mère, que ses soins ne m'eussent pas paru plus doux.

Il semble qu'appeler une étrangère *ma sœur* constitue tout de suite une parenté qui n'a plus rien de la vulgaire humanité. On se sent moins homme, moins brutal, à prononcer ces mots. Le premier jour de mon entrée je murmurai *ma sœur* plutôt que je ne l'accentuai, ayant à cette époque un fond de timidité qui me faisait paraître de tels termes trop intimes ; cependant, comme tous les malades appellent ainsi les religieuses, je me conformai à la coutume.

Pendant quelques jours je n'aperçus la sœur Sainte-Marie qu'à la visite : son devoir la faisait accompagner le chirurgien et ses élèves au chevet des malades, où elle était là pour représenter l'adoucissement du pouvoir médical par l'assistance religieuse. Maintenant elle se tenait à l'écart pendant la consultation, ce qui m'ancra de plus en plus dans l'idée que seule la religieuse avait pu faire un rapport à la supérieure sur mes lectures, qu'elle pouvait croire favorites. Peut-être la sœur Sainte-Marie se repentait-elle de m'avoir attiré une mercuriale! Elle avait bien compris à mes quelques paroles que je voulais présenter ma défense ; mais elle ne voulait sans doute pas reconnaître ses torts, et c'est pourquoi elle fuyait jusqu'à mes regards, craignant d'y voir une ombre de reproche.

Un matin, le directeur de l'hôpital vint me rendre visite.

— Ne vous ennuyez-vous pas trop chez vous, lieutenant? me demanda-t-il.

— Je serais un ingrat, dis-je, si je méconnaissais les soins dont je suis entouré... Grâce au brave chirurgien Dupuis, je commence à reprendre des forces ; j'ai plaisir à marcher, à revoir le soleil, et mon estomac est en meilleur état, à en juger par les absences de cauchemars pénibles qui jusque-là avaient troublé mon sommeil. Et je sortirai d'ici, monsieur, avec un souvenir de reconnaissance pour tous ceux que j'ai approchés.

— Chacun, du reste, ajouta le directeur, me fait votre éloge ; la supérieure ne cesse de me dire du bien de vous.

— Les bonnes sœurs et le chirurgien Dupuis m'ont gâté, dis-je.

— C'est que nous n'avons pas souvent de malades aimables. Nous cherchons à leur être agréables par tous les moyens et ils passent leur temps à récriminer contre les divers services.

Cela amena le directeur à parler de ses fonctions faciles en apparence et difficiles par la balance qu'il s'agissait de ne pas incliner du côté du pouvoir médical ou du pouvoir religieux, deux corps reliés par la charité et qui ne tendent pas moins quelquefois à entrer en lutte.

— L'administration a fort à faire, disait le directeur, et le malade ne s'en doute pas, car nous agissons dans l'ombre et nos rouages doivent être cachés.

Une semblable conversation m'entraîna à suivre le directeur qui, tout en parlant, me menait de la lingerie à la buanderie, de la buanderie aux cuisines.

Il est peu d'hommes préoccupés de graves intérêts qui n'aiment à s'ouvrir à celui qui veut bien les écouter.

De même qu'un inspecteur, je vis dans tous les détails comment un hôpital était administré. Après quoi nous descendîmes au jardin réservé du directeur. C'était un vaste clos planté d'arbres à fruit, de légumes, et dont une partie était réservée à l'agrément. D'épaisses charmilles séparaient le jardin des cours où se promènent les malades, et dans un coin fleurissait une belle collection de rosiers que le directeur me faisait admirer.

— Mes pauvres rosiers ! s'écriait-il avec un ton de regret... Demain ils vont être dépouillés pour la Fête-Dieu.

— Ah ! la Fête-Dieu ! dis-je, caressé par un souvenir d'enfance.

— Nos sœurs veulent faire belle leur chapelle, mais au détriment de mon jardin. Il en est ainsi tous les ans... Mes rosiers sont saccagés pour orner les murs de la chapelle.

A partir de ce moment, je n'entendis plus un mot de ce que disait l'administrateur. Je n'avais que la Fête-Dieu en tête, et il me sembla que cette cérémonie était une favorable occasion pour recouvrer les bonnes grâces de la communauté.

Ayant quitté le directeur, j'allai rôder dans le corridor avoisinant l'endroit où se réunissent les sœurs, et après un moment d'attente je ne tardai pas à voir venir la supérieure, vers qui j'allai sans hésiter.

— Ma sœur, lui dis-je, je sais que vous préparez la décoration de votre chapelle pour la cérémonie de la

Fête-Dieu ; si je peux vous être utile en quoi que ce soit, je me mets à votre service.

— Vous avez déjà fait preuve de bonne volonté, lieutenant, répondit la supérieure ; cette fois la besogne sera plus délicate. Vous plaît-il d'aider nos sœurs à cueillir des bouquets ?...

— Rien ne me sera plus agréable.

— Ah ! si tous mes malades vous ressemblaient !

— Vous êtes si bonne et si affectueuse, ma mère, que vous feriez un saint d'un mécréant.

Ce petit compliment fit sourire la supérieure.

— Demain, après la visite du médecin, je compte sur vous, ajouta-t-elle. Nous verrons à employer votre bonne volonté.

La supérieure me prit la main et je fus touché profondément de cette marque de sympathie.

La sœur Élisabeth, qui dirigeait la congrégation, était une femme d'une cinquantaine d'années, agréable comme toutes les personnes dont la pureté de regard est pénétrante. On se sent meilleur à plonger dans ces yeux qui ont échappé au bouillonnement des passions. La mère Sainte-Élisabeth était surtout remarquable par une figure étoffée, offrant de certaines analogies avec la race bourbonnienne. Un nez d'une courbe agréable, et surtout un menton d'une grande finesse malgré l'embonpoint qui ne parvenait pas à en altérer les lignes, étaient les points principaux de la physionomie de la supérieure, dont l'autorité s'appuyait visiblement sur la bonté.

La sœur Sainte-Élisabeth avait été favorisée par la Providence. Tout pour elle se rapportait à l'hôpital; dans l'humanité elle ne voyait que l'hôpital, et elle m'avoua un jour que le plus agréable moment de la journée, pour elle, était la cloche sonnant le réveil qui lui permettait de revoir ses chers malades.

Tout cela était dit naturellement, sans prétention; tout était fait avec une ardeur qui n'excluait pas la tranquillité, et il résultait de l'exemple donné par la supérieure que les sœurs placées sous sa direction échappaient à la plupart des petites passions dont ne sont pas exemptes les corporations religieuses. Elles s'étaient modelées sur la mère qu'elles chérissaient, et reflétaient sa propre humeur. C'est pourquoi les bonnes sœurs étaient vraiment bonnes et en avaient la réputation, sauf peut-être la religieuse Sainte-Marie, dont les malades se plaignaient; mais jusque-là je n'avais pu découvrir si ces reproches étaient fondés.

Je n'ai pas besoin de vous dire si le lendemain je fus exact au rendez-vous de la mère Élisabeth. Je la trouvai au réfectoire, entourée de grands paniers dans lesquels devaient être effeuillées les fleurs.

— Si vous voulez aller au jardin, monsieur Valentin, me dit la supérieure, je vous y rejoindrai presque aussitôt. Nos sœurs me paraissent s'attarder à leur cueillette, et nous les aiderons.

J'obéis, et je trouvai dans le clos les religieuses dépouillant les rosiers de leurs fleurs et se livrant avec animation à un travail qu'elles jugeaient agréable à Dieu.

En compagnie de la supérieure, je passai une sorte de revue des travailleuses, les aidant avec un sécateur à atteindre les branches les plus hautes; à chacune d'elles j'adressai quelques compliments sur l'ordre qu'elles mettaient à leur besogne, politesse qui était accueillie par un sourire.

Seule, la sœur Sainte-Marie me reçut avec une certaine réserve qui tenait de la froideur. Elle me regardait certainement encore pour un personnage d'une piété équivoque, et la protection dont m'entourait la supérieure ne suffisait pas à me faire recouvrer la sympathie qu'avant la découverte de mes damnés livres j'avais inspirée.

Fort occupée de sa besogne en apparence, la sœur Sainte-Marie ne levait pas les yeux.

La supérieure remarqua sans doute l'accueil contraint de la religieuse, qui contrastait avec celui de ses compagnes.

— Très-courageuse au travail, caractère inégal, me dit la mère à demi-voix.

Ainsi l'opinion publique ne s'était pas trompée, la sœur Sainte-Marie était d'un commerce habituel difficile.

— Peut-être un peu fanatique, ajoutai-je à part moi, car l'explication que j'avais donnée eût dû suffire pour faire tomber la mauvaise opinion que la religieuse avait conçue de moi.

Je la regardai. La sœur Sainte-Marie n'offrait pour-

3

tant pas l'aspect particulier aux personnes emportées. Même une certaine mélancolie était peinte sur sa physionomie. De chacun de ses mouvements ressortait une séduction naturelle qui s'expliquait par sa naissance. Elle appartenait à une grande famille et avait prononcé ses vœux malgré ses parents. Ce qui trompait et influençait peut-être les gens venait d'une taille un peu élevée, d'une bouche sur laquelle perçait une sorte de grandeur, d'yeux d'un noir profond et de sourcils épais que la blancheur de son teint faisait paraître plus noirs encore.

En la voyant on plaignait cette belle personne de s'être engagée dans des liens qu'il est toujours difficile de rompre. La sœur Sainte-Marie semblait appelée à faire l'ornement d'un salon ; l'hôpital n'était pas, comme pour la supérieure, le piédestal qu'il lui fallait.

Sur l'invitation de la mère, les religieuses quittèrent le jardin et reprirent le chemin du réfectoire. En entrant, la supérieure s'agenouilla devant la croix pendue au mur ; les sœurs l'imitèrent et je me mis à genoux également.

A ce moment, j'étais en communauté d'idées avec la corporation qui remerciait le Créateur d'avoir favorisé cette moisson de fleurs. Le courant qui s'échappait de ces pieuses filles me gagnait le cœur, et des hommages à Dieu, d'une pureté qui m'étonnait, s'échappaient de moi-même. Il y a certainement du magnétisme dans la prière. Était-ce le pauvre Christ en bois qui le déterminait ? L'agenouillement y entrait-il pour une part, ou le silence de cette salle austère? Je me rappelle seulement qu'enlevé à moi-même pendant quelques instants, je ne fus tiré de cette sorte d'extase que par deux coups secs frappés par la supérieure, qui firent que toutes les sœurs se levèrent aussitôt.

Il s'agissait de mettre en ordre la récolte; les fleurs furent étalées sur une grande table autour de laquelle les religieuses prirent place. Pour moi, j'étais resté debout.

— Ce n'est pas tout que de cueillir des fleurs, monsieur Valentin, me dit la mère, il faut maintenant les disposer en bouquets. Nous allons voir si vous avez du goût... Asseyez-vous d'abord.

Le hasard fit que la sœur Sainte-Marie étant la dernière sur le banc du côté de la table, je fus obligé de me placer près d'elle.

En face de chaque religieuse étaient amoncelées des touffes de roses.

— Sœur Sainte-Marie, dit la supérieure, donnez au lieutenant de quoi exercer sa patience.

La religieuse fut obligée de se retourner vers moi pour partager le tas qui formait ma tâche; mais de nouveau elle courba la tête, fort occupée en apparence à son travail.

Un moment après :

— Sœur Sainte-Marie, reprit la supérieure, veuillez passer du fil à M. Valentin.

Le petit manége de la religieuse ne paraissait pas échapper à la mère Élisabeth. Elle sentait comme moi que la sœur me témoignait une sorte de rancune, et l'exquise douceur de la bonne mère, jointe peut-être à une ombre de malice, faisait que pour m'être agréable elle s'adressait à la pauvre fille pour la taquiner un peu.

— Si vous ne montrez pas au lieutenant, sœur Sainte-Marie, la façon de dresser un bouquet, il dépensera beaucoup trop de roses.

Encore une fois la religieuse fut obligée, bien contre son gré, de se tourner vers moi et d'ajuster une à une les roses, dont elle dissimulait la petite quantité par une touffe de verdure au milieu : c'était un de ces bouquets que dans le commerce on appelle *soufflés*. Pour entrer dans les vues de la supérieure, je feignis de ne pas saisir tout de suite la démonstration ; aussi quelque chose de piquant ressortait de la situation.

Je ne voulus pas en abuser toutefois, et, fier d'un tel enseignement, l'élève désira faire honneur au maître. Ayant saisi, ce qui n'était pas difficile, le système économique des sœurs, je ne fus pas un des travailleurs qui contribuèrent le moins à emplir de bouquets la manne placée sur la table.

Pour ne pas accabler ma voisine, je m'inquiétais de ses compagnes, leur demandant, tantôt du feuillage, tantôt des ciseaux, ce qui me donnait un peu de loisir pour regarder le curieux tableau de cette assemblée.

Dans cette grande salle, dont l'unique ornement consistait en un Christ de bois, le soleil jouait sa partie et enlevait la monotonie des murs et des vêtements ;

mais quoique le soleil ne parvînt pas à pénétrer sous les grands bonnets des religieuses, les rayons qui s'abattaient sur la toile faisaient paraître plus fraîches encore leurs physionomies. Tout ce monde travaillait avec animation ; les mains fourrageaient vivement dans la verdure : on eût dit un atelier de fleuristes en activité.

Tout à coup la sœur Sainte-Marie poussa un cri en secouant la main avec détresse. Pour la première fois elle se tourna de mon côté.

— Vous souffrez, ma sœur ? dis-je en lui prenant la main.

En effet, elle avait pâli subitement, sous le coup de la douleur que lui causait une épine enfoncée dans le doigt. Je fus troublé, je l'avoue, en entendant les diverses recommandations qui m'étaient faites de toutes parts.

— Pressez le doigt, s'écria la supérieure.

On me passait des aiguilles. Quelques sœurs s'étaient levées et couraient chercher de l'eau. Mais les aiguilles ne parvenaient pas à enlever une épine fine, longue et recourbée, qui s'était logée dans les chairs comme un hameçon. L'eau ni le vinaigre ne suffisaient comme moyen curatif. Fut-ce l'endroit qui m'inspira ou le souvenir du service de chirurgie? Au milieu de l'émotion générale, je tirai de ma poche un canif, et sans hésiter je fis une légère incision en carré dans le doigt de la religieuse, de telle sorte qu'avec la pointe de l'instrument je pus m'emparer de l'épine et procurer aussitôt du soulagement à la sœur Sainte-Marie.

3.

Pensez si je fus remercié et si cet accident contribua à me mettre sur un bon pied! J'étais devenu, grâce à mon opération, le plus parfait modèle de chrétien qui existât au monde. J'avais fait, cela fut particulièrement remarqué, une incision *en croix*. La communauté voulut voir dans cette pratique comme une prière au Sauveur du monde de bénir mon opération.

Et quoique les sœurs soient appelées par leur profession à voir pratiquer fréquemment ce mode d'incision, dans le service de l'hôpital, il fut admis que l'Esprit-Saint m'avait visiblement protégé en cette circonstance.

L'événement fit assez de bruit dans l'intérieur de la maison pour que le chirurgien Dupuis me dît à sa visite le lendemain :

— Vous marchez donc sur mes brisées, lieutenant... On ne parle que d'une opération merveilleuse de votre façon... Allons, mon collègue, je vois que vous en savez autant que moi ; vous pouvez sous peu vous passer de mon ministère... Double ration, eau de Vichy, viande rôtie, vin de Bagnols pendant huit jours... A huitaine, cher collègue.

Cette ordonnance indiquait que j'étais entré en pleine convalescence. Sous huit jours et même plus tôt, si je l'eusse désiré, mon *exeat* pouvait m'être délivré ; mais j'éprouvais un certain serrement de cœur à l'idée de quitter l'hôpital. Paris m'apparaissait sous le coup d'une violente tempête qui entraîne les hommes comme des fétus de paille, car on s'habitue vite à vivre dans un petit monde où l'existence s'écoule doucement, conduite à petites guides. La communauté qui m'entourait de soins représentait la famille, et la supérieure était si bonne, qu'elle me faisait presque oublier ma mère.

Dans ce milieu, chaque incident, si minime qu'il fût, prenait des proportions considérables. Quelle sensation s'empara de moi quand je trouvai sur ma table une petite image représentant la Vierge et ces mots écrits derrière la carte : *Souvenir de l'accident du 7 juin !*

Le plus beau tableau ne m'a jamais inspiré un enthousiasme semblable à celui que me causa la pieuse estampe que je ne me lassais pas de regarder. Et si j'admirais la Vierge, dont le coloriage était rehaussé par des gaufrures dorées à jour, l'écriture surtout tracée au revers me causait une indicible émotion. Il me semblait que les caractères ne ressemblaient pas à ceux des femmes habituelles. Rappelez-vous que j'avais dix-huit ans, que je sortais de Saint-Cyr où on ne connaît guère d'autres écritures de femmes que celle de sa mère et de ses sœurs ; mais ces bonnes écritures de province n'avaient rien de commun avec celle de la sœur Sainte-Marie : quelque chose d'immatériel semblait avoir présidé au tracé de chaque lettre.

Quand, l'après-midi, je me rencontrai avec la sœur Sainte-Marie, car la besogne du matin n'était pas terminée :

— Vous êtes trop bonne, ma sœur, dis-je, de m'avoir fait cadeau de cette image.

— Vous l'avez trouvée jolie ? demanda-t-elle.

— Je la conserverai toute ma vie.

Mon émotion m'empêcha d'en dire davantage : il me semblait que c'était déjà trop. D'ailleurs j'étais séparé à tout instant de la religieuse par les hommes de service qui garnissaient les murs de la chapelle de draps blancs sur lesquels les sœurs et moi accrochions les bouquets de roses.

La cérémonie devait avoir lieu à dix heures du matin; je rentrai dans ma cellule, préoccupé. Il me semblait que je devais honorer d'une façon particulière la cérémonie et que c'était un hommage à Dieu que de faire des frais de toilette; mais comment s'habiller avec la capote d'hôpital, qui reste le dimanche ce qu'elle est dans la semaine, grossière et d'une coupe désagréable?

Ma valise était au pied de mon lit. Je l'ouvris, en tirai mon uniforme, et la finesse du drap, les brillantes couleurs, la dorure des épaulettes, me causèrent plus de joie, s'il se peut, que le premier jour où le tailleur vint me l'essayer. Sans me demander s'il m'était permis de me dépouiller de ma livrée de malade, je passai les diverses pièces de l'uniforme, et ce fut avec l'étonnement d'un sauvage apercevant un miroir que je me regardai dans une petite glace que je ne me rappelais plus posséder, car vous savez que ce meuble est proscrit dans les hôpitaux.

Vraiment je ne me trouvais pas mauvaise figure. Le chirurgien Dupuis m'avait enlevé le teint pâle, les yeux cernés, l'abattement qui existaient sur toute ma personne avant mon entrée à l'hôpital.

Quand j'eus endossé mon uniforme, je ne me trouvai plus dans le même état d'esprit que sous la houppelande grise. Le harnachement des habits, l'or du hausse-col, le sabre qui battait mes jambes, me rappelaient à chaque pas que j'étais officier et me métamorphosaient tellement qu'un moment je fus tenté d'ôter ces vêtements, si peu en rapport avec l'austérité de l'établissement. Cependant je pensai que ma présence à la chapelle en uniforme militaire ne pouvait que donner du relief à la cérémonie ; pour pallier ce petit accès de vanité, je me dis que cette transformation brillante devait être considérée comme un hommage religieux.

Quand j'arrivai à la porte de la chapelle, le service était commencé. Ma toilette, ou plutôt les divers combats que mon amour-propre avait livrés pendant la toilette, m'avaient empêché de songer au temps qui s'écoulait : ayant réfléchi de nouveau si je devais donner suite à mon entreprise, j'entrai résolûment.

Les bancs qui se succèdent dans la nef de la chapelle étaient occupés par les malades. La plupart relevèrent la tête et ne me reconnurent pas, car la règle relative au costume est stricte dans les hôpitaux. Malgré les immunités dont je jouissais, personne ne pouvait s'imaginer que le convalescent du pavillon fût le même que l'officier qui s'avançait si brillant en ce moment. Et pourtant, j'avais besoin d'appeler à moi tout mon courage pour traverser les bancs et trouver une place où je ne fusse pas trop remarqué.

Une barrière de bois séparait la nef du chœur, exhaussé d'une marche. Près de cette barrière était le rang consacré à l'état-major de l'hôpital, au directeur, à ses employés, dont quelques-uns étaient absents. J'entrai dans le rang et me mis à genoux sur une chaise basse, la tête penchée. En ce moment, l'aumônier élevait le crucifix vers la voûte : sous le coup d'un double sentiment, pénétré à la fois de piété et de remords, j'essayai de faire oublier par une pieuse attitude ce qu'il y avait de voyant dans mon extérieur.

Un reposoir formait la séparation de la nef et du chœur ; dans mon trouble je n'y avais pas pris garde tout d'abord. Ce ne fut qu'attiré par les sons de l'orgue et les cantiques chantés par les religieuses, que je relevai un peu la tête. En ce moment, devant le reposoir, les sœurs défilaient deux à deux, portant des mannes de fleurs ; à un signal donné par la supérieure, elles lancèrent en l'air des feuilles de roses que traversait l'encens.

Je n'osai regarder et pourtant je sentais que le regard de chaque religieuse qui passait se coulait vers moi ; ainsi s'avança la sœur Sainte-Marie, formant la queue du cortége. Ce fut alors que, croyant avoir fait suffisamment preuve d'humilité, je relevai la tête. Mes yeux rencontrèrent ceux de la religieuse, et il me sembla que sa marche à ce moment devenait moins assurée et que sa main tremblait en lançant une dernière gerbée de fleurs.

La procession traversa la nef et revint vers le côté opposé du reposoir que je ne pouvais voir : l'encens fumait, la pluie de fleurs continuait, les cantiques s'élevaient vers la voûte de la chapelle, chantés par des voix particulières que jamais depuis je n'ai entendues ailleurs. Tout se ressentait de la jeunesse des sœurs, de leur vie régulière : la pureté de leur teint, la vibration de leurs accents. Des enfants seuls peuvent donner une idée de semblables voix. J'étais préoccupé surtout de reconnaître celle de la sœur Sainte-Marie, dont le reposoir me dérobait la vue ; dans les hymnes de prière que la religieuse adressait à Dieu n'apportait-elle pas un charme particulier ? Mais les voix des sœurs étaient si bien fondues et s'accordaient dans un tel ensemble, qu'il était difficile d'en distinguer une des autres.

La cérémonie terminée, je traversai la chapelle plus résolûment qu'à l'arrivée, et d'un pas alerte je courus au pavillon, où je me déshabillai, ne voulant pas me représenter en uniforme dans l'intérieur de l'hôpital.

Ce jour-là seulement je lus quelques pages de Swedenborg. J'étais dans un état d'esprit si particulier que la mysticité du Suédois s'accordait avec l'encens, les fleurs et le souvenir du service auquel je venais d'assister. Ce n'est pas que je comprisse absolument la pensée de l'écrivain ; mais chaque phrase, chaque ligne entraînaient quelque chose d'un diaphane semblable à des nuages changeants de forme. Je rêvais plutôt que je ne lisais, immobile, le livre sur les genoux, tournant machinalement les feuillets, sachant à peine si j'existais, si j'avais un corps. Sans le gardien qui m'enleva à cette sorte d'extase en apportant mon dîner, la nuit serait venue me surprendre dans cet état.

Le charme était rompu. J'étais revenu à la réalité. Toutefois une vision continuait à s'emparer de mon esprit, celle de la sœur Sainte-Marie, qu'il m'eût été agréable de revoir comme par le passé, avant la rancune inexplicable que tout à coup elle m'avait témoignée.

Longtemps je me laissai aller au charme de cette vision, et je ne fus pas surpris quand j'entendis deux coups frappés à la porte du pavillon, car on dit qu'une volonté intérieure, forte et puissante, traverse les espaces et force les volontés résistantes à s'y ployer.

La religieuse entra comme par le passé. On eût dit qu'elle était venue la veille et que rien n'avait amené une pénible séparation.

— Vous voilà tout à fait bien, monsieur Valentin, dit-elle.

— Oui, guéri, répondis-je non sans mélancolie.

— Vous rappellerez-vous quelquefois votre séjour ici?

Cette question me porta un coup au cœur. Il me semblait que la sœur Sainte-Marie m'ordonnait de m'éloigner.

— Oui, dis-je, car l'émotion m'empêchait de parler.

Les mains de la religieuse étaient croisées sur sa

poitrine. J'aurais donné dix ans de ma vie pour m'en emparer et lui faire comprendre ce que ma voix était incapable de rendre.

Le jour qui tombait rendait la situation délicate.

— Adieu, monsieur Valentin, me dit la sœur.

Là-dessus elle sortit, et je restai sur ma chaise immobile, frappé d'un coup douloureux. Je ne dirai pas que je souffrais. C'était comme la rupture d'un organe essentiel qui, en m'enlevant une partie de l'intelligence, m'eût empêché de penser.

La nuit me surprit ainsi, abattu, irrésolu, et je me jetai tout habillé sur le lit, n'ayant plus ni cœur ni courage. Combien dura cet état d'abattement? Je ne pus m'en rendre compte; car je fus réveillé par la cloche qui annonçait l'arrivée du médecin.

Surpris par le grand jour et les rayons de soleil qui entraient dans ma cellule, je fis à la hâte ma toilette. Quand le chirurgien entra dans le pavillon, mon parti était pris.

— Je me sens tout à fait bien, docteur, dis-je. Et je vous serai obligé de me donner mon *exeat*.

Le chirurgien enleva lui-même la pancarte de mon lit.

— Permettez-moi de vous serrer la main, docteur, et de vous remercier de vos bons soins.

— Bonne chance, lieutenant, me dit le chirurgien.

Un à un les étudiants défilèrent à la suite de leur chef, et il me sembla que je perdais des amis de vingt ans.

J'allai trouver la supérieure et je lui dis quel souvenir j'emportais de l'hôpital et des heures heureuses passées sous ses auspices.

— Vous n'avez plus besoin que de l'air natal, monsieur Valentin, me dit-elle. Croyez bien que je prierai pour vous.

De là je continuai ma tournée, espérant rencontrer la sœur Sainte-Marie que je n'avais pas vue ce jour-là à la visite; mais je n'eus pas ce bonheur.

— Veuillez lui faire mes adieux et lui exprimer mes regrets de ne pas l'avoir remerciée avant mon départ, dis-je à l'économe; surtout pensez bien que je n'oublierai jamais que c'est à vous principalement que je dois ma guérison.

Ce ne fut pas sans émotion que j'entendis la grille de l'hôpital se refermer derrière moi; mais le lendemain cette impression s'effaça vite. J'étais dans ma famille, et je passai deux mois heureux près de ma mère, jusqu'à ce que je fusse invité par ordre de mon colonel à me rendre à mon régiment.

La veille de mon départ, un brave oncle me fit cadeau d'une somme assez ronde.

— Voilà pour arroser tes épaulettes, me dit-il.

J'avais un autre projet. Comme mon itinéraire m'obligeait de passer par Paris, je songeai à rendre mes devoirs à toutes mes connaissances de l'hôpital.

Un matin, j'arrivai à l'heure de la visite et, ayant rencontré dans la cour le chirurgien Dupuis qui descendait de voiture, il me regarda, étonné, car pour la première fois il me voyait en uniforme.

— Me reconnaissez-vous, docteur, lui dis-je en lui tendant la main.

— Vous avez si bonne mine, lieutenant, me dit-il, que je ne croyais pas avoir affaire à un malade qui, il y a trois mois, avait besoin de mes services.

— Voulez-vous, docteur, me permettre de m'acquitter de vos bons soins?

Le chirurgien regarda avec surprise la bourse que je lui offrais.

— Plus d'un malheureux de votre service, dis-je, m'a paru digne d'intérêt. C'est vous que je choisis, docteur, pour offrir quelque adoucissement aux misères de ceux de vos malades qui en ont besoin, en souvenir de mon séjour à l'hôpital.

— Vous êtes un brave cœur et j'accepte, me dit le chirurgien ému.

— J'ai encore une faveur à vous demander, docteur, c'est de suivre aujourd'hui votre visite.

Mon but était de revoir la sœur Sainte-Marie et de lui remettre également un souvenir pour les pauvres.

A la porte de la salle du service chirurgical nous trouvâmes la religieuse, que j'allai saluer; elle répondit à peine à mes politesses. A diverses reprises, pendant la clinique, j'essayai de me rapprocher d'elle; elle m'évitait évidemment. Sa réception fut telle, qu'on eût dit qu'elle ne m'avait jamais vu et je n'osai lui remettre la somme que j'avais gardée à son intention.

Un peu décontenancé, j'allai voir l'économe et lui fis part du singulier accueil de la religieuse. Mon ami me regarda avec un sourire railleur.

— Allons, dit-il, je vois avec plaisir que les élèves qui sortent de Saint-Cyr ont encore un fond de naïveté !

Juillet 1870.

LE MARRONNIER

4.

LE MARRONNIER

I

Qui n'a connu à Paris la banque Torlot et Roblot, une maison qui faisait de considérables affaires avec le commerce en souffrance? On sait quelles conditions acceptent les gens dont le crédit est embarrassé. MM. Torlot et Roblot ne prêtaient que de petites sommes; c'est le plus sûr moyen d'opérer en grand. Mille francs sortis de leur caisse ne devaient rentrer que suivis d'un nombre égal de francs; véritablement, l'argent de MM. Torlot et Roblot ne s'amusait pas en route.

Considérés dans leur quartier, MM. Torlot et Roblot, toutefois, laissaient à jamais une impression de terreur aux gens qui s'étaient trouvés en face des grillages à rideaux protégeant leur caisse. Devant ces rideaux verts, combien d'espérances, de prières, de supplications, de pleurs avaient échoué! Par le petit guichet s'étaient échappés, avec un argent qui semblait rechignant, ruine, faillite et suicide.

L'argent de MM. Torlot et Roblot semblait maudit. Et cependant les emprunteurs ne manquaient pas.

Les patrons de cette usine, où un louis était coté quarante francs, n'offraient sur leur physionomie rien de particulièrement métallique. Torlot était jeune, froid, d'une tenue irréprochable ; au contraire, Roblot, coloré, gras, la figure d'un homme qui se nourrit bien, était chargé du côté du ventre ; sa marche et ses jambes courtes faisaient pressentir quelque engorgement aux articulations.

Il n'avait jamais montré un vif enthousiasme pour les opérations de bourse ; aussi en laissait-il la direction à son associé et ami Torlot : même Roblot passait six mois de l'année à voyager en compagnie de sa femme, faisant son tour de France en calèche, et s'arrêtant dans de petits endroits ignorés, grâce à une excellente carte dont le touriste se servait pour visiter des endroits que les *Guides* ne recommandent pas.

Un dimanche, vers trois heures, Roblot tomba sur la place d'un petit village appelé Marcoussy, au moment où s'échappait de l'église le son de voix clair des jeunes filles qui chantaient des cantiques. Tout le jour, Roblot et sa femme avaient suivi des sentiers déserts. Ces chants touchèrent particulièrement madame Roblot, qui avait un fond de religion.

La place entourant l'église était verdoyante et animée. Sous une double rangée d'ormes qui longeaient les faces latérales de l'édifice, les paysans en habits de fête causaient de leurs récoltes. Les maisons formant le carré de la place étaient propres et bien tenues, presque toutes avec un jardinet devant la façade. L'église elle-même, quoique simple, offrait d'heureuses lignes d'architecture, sur lesquelles projetait son ombre un admirable marronnier centenaire, dont quatre paysans vigoureux n'eussent pu étreindre le tronc.

Tous, hommes et femmes, saluèrent le voyageur, comme pour fêter son arrivée. Dans ce pays, le sang est beau, les enfants pleins de vivacité, les garçons bien découplés, les vieillards verts, les jeunes filles souriantes.

Roblot, subissant l'influence de l'endroit, mit pied à terre, remisa sa calèche à l'auberge, et vint pousser une reconnaissance dans le pays.

Sur la place était une propriété précédée d'une ancienne porte, datée de 1699, qui avait grand air. A cette vieille porte pendait un écriteau de mise en vente.

La propriété était à céder. Pendant qu'on préparait son dîner, Roblot, pour passer le temps, visita la maison. Elle n'était pas d'un développement considérable, ayant jadis servi de maison de vigne à un bourgeois de la ville voisine de la Ferté, qui y venait à l'automne, autant pour changer d'air que pour y faire sa récolte de vin.

Du premier étage de cette maison, bâtie au pied d'un coteau, l'œil pouvait s'égarer sur les versants de la montagne voisine qui, se reliant à une succession de collines, formaient un cadre naturel, quoique d'un horizon peu étendu, à la propriété. Le paysage était animé par deux grands moulins à vent, qui, éloignés d'une portée de fusil, agitaient ce jour-là leurs ailes au souffle du vent ; mais ce qui enchanta surtout Roblot, fut, attenant à la maison, un vieux jardin à la française, couvert de charmilles assez épaisses pour qu'on pût en faire le tour sans être atteint par la pluie.

Ce jardin offrait un mélange assez singulier de fleurs, de fruits et de légumes ; les plates-bandes, entourées de vieux buis, se succédaient les unes aux autres, affectant des formes rondes, serpentines ou losangées, qui dénotaient les goûts bourgeois de l'ancien propriétaire ; mais une source d'eau vive qui traversait le jardin, descendant des hauteurs de la montagne voisine, ravivait sans cesse les verdures, et faisait de l'endroit une promenade délicieuse.

En se promenant dans la propriété, Roblot déjà rêvait à sa transformation : des accidents de terrain, de grandes pelouses à l'anglaise, le potager relégué à l'extrémité du jardin, caché par une charmille qu'on conserverait, et surtout des méandres d'eau partant d'une cascade, dont le bruit seul rafraîchirait pendant les chaleurs de l'été.

Pendant sa visite, Roblot, accompagné par l'ancien jardinier de la maison, lui fit force questions; l'homme était chargé de demander vingt mille francs de la propriété.

Roblot, habitué aux grands prix des terrains de Paris, jugea que l'affaire était une véritable occasion, et demanda à réfléchir jusqu'au lendemain. Vingt mille francs, c'était réellement pour rien. On devenait châtelain à peu de frais. Il est vrai que Roblot songeait déjà à rebâtir une maison en rapport avec ses besoins, qu'il fallait bouleverser le jardin de fond en comble; mais les montagnes voisines fournissaient une pierre excellente.

Roblot ajouta mentalement trente mille francs au prix d'acquisition, et, en homme pratique, abandonna une dizaine de mille francs en plus pour les exigences des architectes. Il avait trop aidé des fonds de la caisse Torlot des propriétaires parisiens qui faisaient bâtir pour s'embarquer dans une folle entreprise.

Soixante mille francs bien dépensés donneraient la jouissance d'une ravissante propriété, située à une lieue de la sous-préfecture.

Quand Roblot sortit de la maison, il entendit des cris de joie qui partaient des environs du marronnier planté sur la place au-devant de l'église, à l'endroit où se dressent habituellement, dans les villages, les anciens arbres de la liberté.

Ce marronnier était assez garni de feuillage pour y abriter chevaux, ânes et charrettes; surtout il faisait la joie des enfants du village qui, dans l'intervalle de noueuses racines accrochées à la terre, creusaient des trous pour y jouer aux billes, sans s'inquiéter du bruit ni du mouvement; des oies avaient établi leur domicile au pied de l'arbre, et s'y prélassaient gravement, n'ayant que quelques pas à faire pour aller se reposer à la fraîcheur d'une pompe voisine.

Le marronnier offrait le développement d'un cèdre; sous son feuillage, un ancien roi eût aimé à rendre la justice.

Le lendemain, de grand matin, Roblot se fit conduire à la Ferté, qui n'est séparée de Marcoussy que par une lieue. C'est réellement un des coins les plus fertiles de France; des champs dorés succèdent à de vertes prairies; la culture est facile, cela se voit à la tournure des paysans qu'on rencontre. Ils ne sont ni ridés, ni cassés, comme les laboureurs qui s'acharnent à cultiver un sol ingrat ou malsain, et recueillent plus de fièvres que de récoltes. Tout le pays est plantureux, les animaux alertes; les toits d'ardoise étincellent sous les rayons du soleil. Il est, d'ailleurs, de ces verdures brillantes et fraîches qui ne trompent pas.

Roblot nourrissait une idée. Son père avait connu le juge de paix de la Ferté. Quel meilleur homme à consulter sur la nature des paysans que celui chargé de les appeler à son tribunal! Il fallait s'enquérir de quelle humeur étaient les gens de Marcoussy, si un propriétaire qui s'installerait au milieu d'eux ne courait pas risque d'être inquiété, et divers autres détails que ne négligent pas les êtres prudents.

Le juge de paix se prêta complaisamment à cet

interrogatoire. La vie était facile à Marcoussy ; les habitants vivant largement de leur travail, il n'y avait pas deux causes de ce village inscrites par an au rôle du magistrat, qui conseillait vivement à Roblot de s'y établir.

Ce qui fut fait quelques jours après.

L'acquisition de la propriété conclue par les soins d'un notaire du pays, Roblot en informa aussitôt Torlot, par le mot suivant :

« Mon cher ami, j'ai passé quinze ans de ma vie dans les affaires ; ma femme en a consacré quinze autres aux plaisirs parisiens. Il est temps de veiller à la seconde moitié de la vie, entourés de braves gens qui n'obéissent à aucun besoin factice. Nous sommes bien d'accord là-dessus, ma femme et moi. J'ai signé l'acte d'achat ; désormais je te laisse gérer ma part dans la banque. Je n'ai pas besoin de te dire que dans un an, la construction terminée, tu seras reçu à bras ouverts quand tu viendras te reposer au château de l'occasion. »

Ici doit trouver place une autre lettre que plus tard l'enthousiaste Roblot écrivait à Torlot, qui avait engagé son associé à réfléchir.

II

ROBLOT A TORLOT

« Enchanté d'avoir conclu, quoi que tu en dises. Mon cher Torlot, les gens des villes, sans s'en douter, sont jaloux de ceux qui se retirent à la campagne. Ce sont des forçats qui disent à un compagnon qui a brisé sa chaîne pour s'évader : Reste avec nous, tu vas courir mille dangers, tu coucheras sans toit, tu te réveilleras sans pain pour manger ; de ton exil tu ne recueilleras que des horions et quelques mois de cachot.

« Quand je suis dans mon jardin, qui est bien clos, et dans lequel ma femme et moi nous nous promenons en toute liberté, je pense à toi, pris par les affaires, et qui à quatre heures te fait conduire au bois. C'est ici, Torlot, que je souris de ce qu'à Paris vous appelez *le bois*. Des allées tirées au cordeau, arrosées par des cantonniers ; pas de feuilles craquant sous les pieds ; un millier de gens en voiture dont chaque tour de roue apporte la poussière du boulevard ! Non, je ne saurais envier ton bois de Boulogne et les personnes fardées qui s'y montrent habillées des toilettes à la mode de demain.

« Dans ton bois, vous ne voyez que la main de l'homme ; jusqu'aux animaux sont corrompus. Vos cygnes sans cesse quémandent un morceau de gâteau. Si tu voyais les oies qui, en compagnie des poules, picorent au pied du beau marronnier de la place du village ! Voilà des oiseaux fiers de la liberté, qui demandent leur nourriture à leur propre instinct. Ces oies voient passer nombre de gens qui vont aux champs ou en reviennent ; elles devraient se civiliser ; elles ne se laissent pourtant jamais approcher. Ce sont des philosophes qui vivent et méditent en toute liberté.

« A propos de philosophe, j'ai fait connaissance avec un voisin qui habite près de moi une petite maison. C'est un grand vieillard d'une figure sympathique, ombragée par de longs cheveux blancs. Chaque matin je le vois sortir de chez lui, ses instruments de jardinage sur l'épaule. On m'a conté son histoire ; elle est curieuse.

« Il possédait jadis, à une portée de fusil du village, un parc étendu qu'il tenait de famille ; là, il vivait princièrement, menait joyeuse vie, recevant à sa table les gens de la ville voisine. Malheureusement, l'homme avait la passion des entreprises de bourse : à force de jouer, sa fortune fut compromise, et la belle propriété dut être vendue.

« L'ancien propriétaire eut peut-être alors des regrets bien naturels ; il n'en paraît rien aujourd'hui. Des débris de sa fortune, quelques mille francs seulement, il acheta la maisonnette où il loge actuellement, et son bonheur, le croirais-tu ? consiste à ratisser tous les jours les allées du parc où il vivait jadis en grand seigneur. Les propriétaires qui lui ont succédé n'y séjournent guère qu'un mois dans l'année ; un jardinier, qui garde la propriété, ne saurait suffire à l'entretien du parc. Mon voisin y travaille huit heures par jour sans s'arrêter, faisant à lui seul la besogne de deux ouvriers du pays.

« C'est dire quelle philosophie on puise au sein de la nature.

« Je ne suis pas encore arrivé à cet idéal ; cependant, ma femme et moi, nous nous attachons au jardinage : j'enlève les herbes qui pointent dans les allées, je ratisse un sable fin, et tu ne saurais croire avec quel orgueil je regarde mon travail.

« Quel appétit donne l'exercice du râteau ! Tu ne peux te l'imaginer, quand tu viens du bois dans ton coupé, croyant avoir respiré l'air frais, qui n'est qu'un air quelconque dans lequel flotte de la poudre de riz.

« Ici nous voyons voler le pollen des fleurs. Ah ! Torlot, je te plains bien sincèrement de ne pouvoir suivre, à Paris, la trace du pollen des fleurs !

« Ton ami,

« ROBLOT. »

« *P. S.* Il est entendu que tu ne régleras définitivement les mémoires de l'entrepreneur que lorsqu'ils seront visés et approuvés par mon architecte. Tu peux, cependant, lui faire des avances jusqu'à concurrence de trente mille francs. »

III

Un étranger se présenta un jour à la grille de la maison de Roblot et demanda à lui parler.

— Qu'y a-t-il pour votre service, monsieur? demanda le bourgeois à l'homme à physionomie grave, qui jetait un coup d'œil particulier sur les charmilles longeant les côtés latéraux de la propriété.

— Monsieur, j'arrive de Paris ce matin même, et la veille j'y ai vu M. Torlot.

— Donnez-vous donc la peine d'entrer, fit Roblot... Ah! vous connaissez Torlot?... Comment se porte ce brave Torlot?

— M. Torlot, dit l'étranger, est en parfaite santé.

— Ah! tant mieux; mais prenez donc un siége, je vous prie... Là... On a si peu d'occasions à la campagne de parler des Parisiens... Et les affaires, comment vont-elles à Paris?

L'étranger secoua la tête d'un air qui ne semblait pas indiquer que les affaires fussent brillantes.

— Vous ne paraissez pas, monsieur, dit Roblot, aussi satisfait de la situation que Torlot, car sa dernière lettre ne témoigne aucune plainte.

— C'est pourtant à l'occasion de M. Torlot que je me suis permis de vous déranger.

Un nuage d'inquiétude pointa sur la figure du propriétaire. La caisse Torlot et Roblot avait-elle subi quelque désastre?

— Je vous écoute, monsieur, ajouta avec une certaine défiance le bourgeois, étonné que son associé lui eût envoyé un inconnu porteur de fâcheuses nouvelles.

— Monsieur, je m'appelle Le Garrinec, et depuis vingt ans je m'occupe de sciences chimiques... Ma vie tout entière a été consacrée à la recherche d'un agent nécessaire pour détruire les insectes qui dévorent non-seulement nos forêts, mais les bois de construction... La poursuite de ce problème a dévoré ma vie depuis que j'ai quitté l'école centrale, et, vous le savez, monsieur, toute recherche scientifique poursuivie lentement ne contribue pas à l'accroissement de la fortune.

Roblot fit la moue : il ne savait pas le premier mot de semblables matières. Ayant compris toutefois qu'il ne se trouvait pas en face d'un être opulent, le propriétaire pinça les lèvres et boutonna sa redingote comme si son interlocuteur eût voulu fouiller dans la poche de son gilet.

— Ces recherches, ajouta le chimiste, doivent pourtant aboutir dans un avenir rapproché ; alors elles procureront à ma famille l'aisance et le bien-être que tout homme voué à la science ne poursuit pas moins dans la vie.

De la tête, Roblot approuva cette dernière phrase ; cependant ses lèvres restèrent pincées.

Instinctivement les chiens des riches aboient après les gens en blouse. Les hommes dont la fortune a été gagnée facilement et qui de la vie n'ont connu que les jouissances, sont remplis de défiance pour les figures soucieuses et les fronts sillonnés par les rides de la pensée. Ce sont là des symptômes de mauvais augure. Tout homme qui pense est pour eux une sorte de malfaiteur.

— Je ne saisis pas bien, monsieur, le rapport qui existe entre vos découvertes et mon ami Torlot, dit le bourgeois, se reprochant d'avoir offert un fauteuil à son visiteur.

— J'y arrive, monsieur. Une personne intelligente

qui s'intéresse aux progrès des sciences, m'a mis en rapport, il y a un an, avec M. Torlot, votre associé. Le résultat de ma découverte semblait prochain, et je croyais qu'une année m'était plus que suffisante pour arriver à rendre palpable aux yeux de tous le résultat de mes recherches... M. Torlot m'a donc avancé une somme de six mille francs, qui m'ont permis de faire vivre ma famille et de continuer mes études...

— Ah! fit Roblot, qui avait assez de cette exposition pour pressentir le dénoûment.

— Le délai de remboursement étant arrivé, je n'ai pu rendre à M. Torlot la somme qu'il m'avait avancée... Je lui ai soumis les progrès de mon invention et l'ai prié d'assister à mes expériences ou de se faire représenter par un homme compétent; il s'y est refusé et exige le remboursement immédiat de ses avances.

Roblot secoua la tête comme s'il eût approuvé la prudence de son associé.

— La personne qui m'avait patronné auprès de M. Torlot a cependant obtenu un délai de huit jours, qui me permît de m'acquitter de ma dette; sachant que vous résidiez actuellement à la campagne, j'en ai profité, monsieur, pour venir vous exposer mes travaux, dont la réussite serait si utile à l'agriculture...

— Je ne m'occupe d'agriculture en quoi que ce soit, monsieur, fit Roblot d'un ton sec... Pas d'agriculture dans ma propriété! Jamais d'agriculture!

— Mais vous avez des plantations?

— Non, pas de plantations!

— Cependant, dans votre parc...?

— Je n'ai pas de parc...

— J'ai remarqué des arbres dans votre jardin.

Roblot, pressé par ces questions :

— Je n'aime que les fleurs, monsieur, entendez-vous bien, les fleurs. Je n'aime pas les arbres...

— Qu'importe, monsieur, continua le chimiste. Vous pouvez rendre de grands services à l'agriculture.

— Moi, des services à l'agriculture !

— La position considérable que votre fortune, monsieur, vous permet de tenir au milieu des gens de ce village...

— Je ne me mêle en rien aux affaires de mes voisins, fit Roblot épouvanté que sa fortune entrât dans la conversation.

— Voilà, monsieur, dit le chimiste, un échantillon du bois le plus dur connu qui a été atteint jusqu'au cœur par les insectes... Vous n'ignorez pas qu'ils trouent les navires.

— Je ne m'inquiète pas des navires, répondit le bourgeois en repoussant le morceau de bois.

— Ma découverte est pourtant d'une utilité immédiate pour l'industrie... L'arbre, qui doit fournir une belle carrière, ne sera plus exposé à être arrêté dans son développement et à périr sous les efforts réitérés des insectes... Ce problème, la science avait été impuissante à le résoudre jusqu'ici. M. Torlot en avait compris la portée.

— Et il vous a prêté six mille francs sur un pareil échantillon ! s'écria le bourgeois... Vraiment, je ne reconnais plus Torlot.

— Quatre jours me restent pour m'acquitter, dit le chimiste.

— Qu'y puis-je, monsieur?

— J'avais espéré que vous voudriez bien intercéder pour moi auprès de votre associé.

— Moi! s'écria Roblot.

Il se leva, se pencha vers la table comme s'il eût compté une somme.

— Monsieur, dit-il, lequel de Torlot ou de Roblot vous a prêté?

— J'ai reçu la somme des mains de M. Torlot.

— Eh bien, monsieur, entendez-vous avec M. Torlot.

— Cependant je dois, et je l'ai signé à MM. Torlot et Roblot.

— A Torlot seul, monsieur, ne confondons pas... Mon nom est resté attaché à la maison, il est vrai; mais je n'entre pour rien dans les opérations de la banque Torlot.

Le chimiste, atterré par cette réception, restait soucieux et sans paroles.

— Comment, s'écria le bourgeois en se dirigeant vers la porte, je me retire à la campagne pour y vivre en paix, et je suis poursuivi jusqu'ici par un débiteur de Torlot...! Vrai, cela passe les bornes.

— Pensez, monsieur, à la fâcheuse situation qui m'attend dans quatre jours...

— Monsieur, c'est à Torlot à veiller à ses recouvrements.

— Le fruit de mon travail perdu! Vingt ans de recherches!...

— Expliquez-vous avec Torlot.

— Tant de travail pour aboutir à la ruine! Ma famille réduite à la misère!...

— Voyez Torlot! s'écria Roblot d'un ton qui n'admettait pas de réplique.

L'étranger se leva, les traits altérés, et prenant congé du bourgeois :

— Excusez-moi, monsieur, j'avais espéré plus d'humanité à la campagne qu'à la ville.

IV

Les renseignements qu'avait donnés le juge de paix sur l'état des esprits de Marcoussy valaient une politesse. Roblot l'invita à dîner avec le curé et le médecin du village, le notaire chargé de ses intérêts et l'architecte Bourdoulon, alors en tournée dans le canton pour relever le plan des principaux monuments religieux.

Ce fut dans une visite au curé que Roblot rencontra Bourdoulon, le fameux restaurateur des cathédrales, celui à qui la France doit la conservation et l'enjolivement de tant d'édifices importants.

Il y avait plaisir à causer avec ce Bourdoulon, homme aimable qui, ayant beaucoup voyagé et beaucoup vu, avait la mémoire pleine de faits curieux. Roblot lui fit les honneurs du repas et déboucha pour lui particulièrement les meilleurs vins de sa cave, attention que reconnut l'architecte, en l'engageant à venir visiter le lendemain la cathédrale de la Ferté, qu'il était occupé à restaurer depuis vingt-cinq ans, et dont, disait-il avec un noble orgueil artistique, il voulait faire la première basilique de France.

Au centre du plateau de la Ferté, petite ville située sur une montagne que, sans doute, des volcans ont fait surgir de la vallée, se détachent les quatre tours de la cathédrale, visible à tous les points de l'horizon de dix lieues à la ronde.

— Les anciens architectes, dit Bourdoulon à Roblot, semblaient élever des monuments en rapport avec le paysage environnant.

Roblot, qui ne s'y connaissait pas, trouvait la façade de la cathédrale lourde et massive.

— Vous avez raison, répondait l'architecte; mais, du bas de la montagne, les tours sont d'une excessive légèreté. Quand j'aurai rétabli la flèche et que, fendant l'horizon, elle rompra la masse des nuages, vous me remercierez, car je vous aurai donné à Marcoussy un spectacle dont vous jouirez mieux que les gens de la Ferté.

Roblot admirait quelles connaissances on puise dans la société de ceux qui savent, et les points de vue nouveaux qu'ils ouvrent aussi bien à l'esprit qu'aux yeux.

Installé depuis un an à Marcoussy, il n'avait pas remarqué dans ses promenades l'antiquité de la basilique, et si quelquefois il tournait ses regards vers la montagne de la Ferté, c'était sans savoir pourquoi, ce que d'ailleurs il avouait ingénument.

— Les yeux, disait Bourdoulon, ne sauraient se contenter de lignes et d'horizons plats ; il faut pour les récréer des courbes, des élévations, des projections d'ombre et de lumière, que seuls peuvent donner des terrains accidentés.

Aussi l'architecte, ayant la conscience de travailler pour l'agrément, non-seulement des gens de la ville, mais des populations à la ronde, s'était-il pris de passion pour la vieille cathédrale.

Il la fit visiter à Roblot dans tous les coins. Ce que Bourdoulon avait édifié était considérable ; ce qu'il avait démoli l'était plus encore. De maladroites restaurations faites, suivant lui, dans les derniers siècles, altéraient le style du monument. Bourdoulon enlevait ces replâtrages d'un côté, reconstruisait de l'autre, et c'est pour arriver à une unité parfaite que son travail durait depuis trente-cinq ans. Les gens qui n'entendent rien aux arts trouvaient ce travail un peu long : il n'était pas près d'être terminé, l'architecte n'osant encore assigner de limites à son entreprise avant de rendre aux fidèles le temple dans toute sa pureté.

Roblot revint de cette visite non pas archéologue, mais enthousiaste de la vue de la cathédrale dont la flèche devait former plus tard un horizon si particulier au village de Marcoussy.

Le lendemain matin, à son réveil, il monta sur le coteau au pied duquel était située sa propriété pour admirer à son aise les quatre tours si sveltes dont Bourdoulon lui avait signalé l'utilité.

L'architecte avait raison ; elles rompaient l'uniformité des vastes plaines qui s'étendent autour de la ville de la Ferté, et Roblot, en contemplant l'horizon, se félicita d'avoir planté sa tente dans ce pays.

Le malheur voulut qu'à l'automne un accès de goutte forçât le propriétaire de garder la chambre. Ce n'était pas la première attaque, et cette maladie avait eu quelque influence sur l'achat de la maison de campagne. Un goutteux, enfermé à Paris dans son appartement, ne trouve guère de récréation à son état maladif. A Marcoussy, de la chambre à coucher de Roblot, une grande glace sans tain au-dessus de la cheminée lui permettait de voir les verdures environnantes ; de son lit le propriétaire suivait les travaux de son jardinier : il pouvait au besoin lui donner des ordres par la fenêtre. Ce spectacle dédommagea le malade pendant les premiers moments.

Puis il changea de chambre et se donna le plaisir de la vue de l'allée des moulins, l'endroit du village qui offrait le plus de mouvement, grâce à de petits sentiers escarpés, où grimpent les ânes qui vont porter le blé aux meuniers.

Les paysans gaulaient les noyers dans les champs voisins ; les enfants, attirés par ce spectacle, criant et se culbutant, complétaient le tableau.

Cette attaque de goutte fut un enseignement. Roblot s'était imaginé en vivant à la campagne que l'air du pays, un régime frugal, empêcheraient ses crises de reparaître ; mais ce n'est pas à quarante-cinq ans qu'on fait disparaître, même avec des soins hygiéniques, une maladie dont le principe remonte aux excès des villes.

Le médecin ne cacha pas à son nouveau client que, s'il obtenait quelques adoucissements à son mal, il fallait se préparer à subir des atteintes plus ou moins régulières.

« J'ai donc pris mes précautions contre l'ennui, écrivait Roblot à Torlot. J'ai acheté sur la place du village une petite bicoque de paysan, en face de ma propriété. On me l'a vendue naturellement plus cher qu'elle ne vaut; mais quelques billets de mille francs pour m'aider à supporter cette maudite maladie ne signifient rien.

« Quel rapport a l'achat d'une maison avec la goutte, me diras-tu? Mon cher Torlot, c'est là qu'est le mystère.

« La bicoque en question est surmontée d'un toit fort élevé. Ce toit gêne ma vue, c'est-à-dire que, faisant face justement à la fenêtre du pavillon où je couche, il m'enlève la vue des tours de la cathédrale de la Ferté.

Ici Roblot se laissait aller à un long récit de ses rapports avec l'architecte Bourdoulon.

« En abaissant le toit de la bicoque, continuait Roblot, je jouis du splendide panorama de la montagne de la Ferté. Quand viendra une nouvelle attaque de goutte, je puiserai certainement des adoucissements dans cette vue. Jusque-là, il me fallait escalader des chemins escarpés pour bénéficier de ce spectacle; je veux l'avoir chez moi, dans ma propriété, à toute heure. Alors je ne craindrai plus la goutte, pouvant récréer mes yeux à mon réveil d'un admirable paysage. Tu me diras que les malades se consolent facilement; oui, j'aime mieux avoir la goutte à Marcoussy qu'à Paris. Mon domestique ouvre ma fenêtre; aussitôt je sens une atmosphère bienfaisante qui ne ressemble en rien à

« L'air vicié de Paris vicieux »

comme il est dit dans une comédie du Théâtre-Français.

« Ici, je bois du laitage. Tu ne sais pas, Roblot, ce qu'est une tasse de laitage, quand même tu la payerais un louis? Le laitage est un produit inconnu aux Parisiens. Mon premier déjeuner se compose donc d'un grand bol de lait. Après six mois de ce traitement, le médecin m'assure que la goutte commencera à se repentir d'être si mal entretenue. Il se peut qu'elle ne rompe pas du premier coup; en tout cas elle reviendra plus rarement dans un intérieur où on la traite si maigrement; ce qu'il y a de certain, c'est que je ne l'arrose plus des faux vins de la Maison-d'Or et qu'elle ne s'échauffe plus aux feux du gaz de la rampe de l'Opéra-Comique. Mon bol de laitage à la main, je regarde le paysage qui se déroule sous une des fenêtres latérales de mon cabinet.

« Ah! si la vue de ce côté n'était pas bornée, je ne me lancerais pas dans cette folie! Que veux-tu? Ce toit de la bicoque m'agace. Un complice de la goutte que ce toit? Sans le maudit toit, je jouirais du spectacle admirable de la cathédrale.

« Avec une lunette d'approche, je pourrais suivre les travaux de restauration des ouvriers de l'architecte. Quand la flèche sera posée, ce sera un spectacle unique au monde, et j'espère bien, quoique tu sois un Parisien encroûté, que tu viendras prendre ta part de mon panorama.

« Mon cher Torlot, avec la présente tu trouveras un reçu de dix mille francs que tu voudras bien déposer au Crédit foncier, en invitant le caissier à en donner avis à mon notaire à la Ferté. Ce sera ma dernière fantaisie ; après quoi je laisse mon argent faire des petits dans ta caisse.

« Roblot. »

V

La goutte continua à retenir Roblot au lit ; mais le malade avait conservé de la patience jusqu'au terme fixé pour la démolition du toit de la masure.

Ce jour-là le perruquier du village fut appelé de bonne heure auprès de Roblot, qui voulait se rajeunir pour la solennité.

— Vous avez la mine meilleure que de coutume, dit le barbier en manière de compliment.

Ce qui était vrai. Roblot ne sentait plus ses souffrances. Ses habitudes de la matinée furent bouleversées ; chaque jour son premier soin était de déchirer la bande de son journal et de courir à la seule partie intéressante pour lui : le cours des actions de la caisse Torlot. La caisse Torlot fut oubliée, également les actions et leur cours. L'argent semblait une chimère à l'ancien banquier. Il ne pensait qu'à son point de vue !

Aussi jamais Roblot n'entendit de musique plus agréable que celle des tuiles tombant du toit de la bicoque sur le pavé de la place. Les charpentiers, qui frappaient à tout rompre contre les poutres, contribuaient à tenir en alerte le malade par le son de leurs marteaux.

À tout instant, Roblot sonnait son domestique :

— Est-ce terminé ?

Mais les ouvriers de campagne font plus de bruit que de besogne. Ils étaient une douzaine tellement acharnés en apparence après le toit, qu'une heure eût suffi à mettre la maison tout entière en bas de fond en comble. Chaque coup de marteau leur amenait mille questions des paysans attroupés qui, n'étant pas dans le secret de Roblot, se demandaient à quel emploi le bourgeois d'en face réservait cette masure.

— Quand tout sera fini, avait dit Roblot à son valet de chambre, tu m'aideras à sortir du lit.

Et il faisait disposer son fauteuil devant la fenêtre, se promettant bien d'autres délices qu'aux jours où il allait à une première représentation. Mais le lever du rideau lui semblait long et il pestait contre les machinistes de Marcoussy qui lui faisaient attendre la vue d'un si beau décor.

Enfin, le valet de chambre entre :

— Monsieur, si vous voulez passer votre robe de chambre, les charpentiers enlèvent le dernier pan de bois.

Mais au même moment paraît la femme de Roblot, qui se précipite sur lui en s'écriant :

— Ah ! quel événement !

— Plaît-il ? fait Roblot étonné, cherchant à se dégager des étreintes de sa femme. Laisse-moi regarder.

— Ne sors pas de ton lit, s'écrie la femme.

— Un malheur ! dit Roblot.

— Oui, un malheur.

— Un ouvrier sera tombé du toit ?

— Non, reprend la bourgeoise.

— Qu'est-ce, enfin ?

— Pas d'imprudence, disait madame Roblot à son mari, prends garde de redoubler ta goutte.

Par un effort, Roblot échappe aux bras de sa femme, court à la fenêtre, ouvre de grands yeux. Le toit de la bicoque était à bas ; mais derrière n'apparaissaient que les nuages et un coin peu développé de la montagne de la Ferté.

— Cinq mille francs dépensés inutilement ! s'écrie la femme de Roblot.

Le bourgeois s'était trompé. La cathédrale n'était pas dans la direction du toit ; Roblot avait jeté six mille francs par la fenêtre pour se donner la jouissance d'un coup d'œil qui n'existait pas !

Ce fut un coup violent pour le malade, qui, dans son irritation, ne rentra pas dans son lit, le sang ayant été fouetté vivement par cette aventure fâcheuse.

— Que vas-tu faire de cette maison sans toit? demanda sa femme.

— Je la rebâtirai, disait Roblot.

Les charpentiers étant encore sur la place occupés à enlever les démolitions, le patron fut mandé à l'instant et reçut l'ordre de se mettre à l'œuvre aussitôt pour réédifier le maudit toit dans le plus bref délai.

Pendant que les paysans se gaussaient sur la place, se demandant si le nouveau propriétaire installé à Marcoussy s'imaginait que dans le grenier de la bicoque était caché un trésor, Roblot grimpait la montagne derrière la maison, et là, avec une lunette d'approche, il constatait que le réel obstacle qui lui enlevait la vue de la cathédrale de la Ferté était le marronnier de la place.

Sa déception fit place à un calme relatif.

— J'aurai facilement raison du marronnier, dit-il à sa femme.

VI

ROBLOT A TORLOT.

« Mon cher Torlot, j'emploie pour entretenir mon jardin un jeune jardinier qui, le soir, fait une cour trop assidue aux filles du village. Comme je ne veux pas que le mauvais exemple parte de chez moi, je désire marier ce garçon. Dans cette occurrence, la petite masure que j'ai achetée sur la place me sera fort utile ; c'est là que j'installerai le nouveau ménage. Je vais faire restaurer la bicoque, qui avait un toit assez élevé pour enserrer toutes les récoltes du village. C'est une affaire de trois à quatre mille francs au plus. Veux-tu charger un de tes commis de déposer au Crédit foncier une somme de cinq mille francs, en faisant aviser comme d'habitude mon notaire.

« Cordialement à toi,

« Ton ami Roblot, débarrassé de la goutte pour le quart d'heure. »

VII

Depuis sa déconvenue, Roblot voyait le marronnier sous un jour désagréable. C'était sans doute un bel arbre, mais dont l'épais feuillage s'arrondissait trop correctement. Le marronnier semblait *boulot* aux yeux du propriétaire, c'est-à-dire qu'il ressemblait à ces enfants gros et lourds, dont les mouvements sont sans grâce.

Roblot, qui désormais était rivé à l'idée fixe, fit appeler son jardinier :

— Jean, lui dit-il, tu vas prendre ton instrument à tailler les arbres, et tu enlèveras quelques branches du marronnier, qui gênent tout à fait la vue de ma fenêtre.

— S'il vous plaît, monsieur? demanda le jardinier en roulant sa casquette dans ses doigts.

— Ne m'as-tu pas compris?

— Si, monsieur, mais...

— Quoi?

Jean ne répondait pas. Roblot, avec un ton impératif, lui ordonna d'ébrancher le marronnier. Le jardinier ne bougeait plus.

— Allons, fais ce que je te dis.

— Ah! monsieur, j'aimerais mieux me couper un doigt de la main que de toucher à l'arbre.

— Es-tu sot! un doigt de la main! Je te demande d'enlever quelques branches du marronnier.

— Massacrer l'arbre du village!

— Je ne te demande pas de le massacrer. Est-ce qu'à l'automne tu ne fais pas subir la même opération aux arbres de mon jardin?

— Monsieur peut s'adresser à d'autres qu'à moi pour une pareille besogne.

— Ainsi tu refuses?

— Monsieur m'offrirait des mille et des cent que je ne pourrais lui obéir.

Roblot fut sur le point de chasser le jardinier récalcitrant; il se contint toutefois, réfléchit que celui-ci conterait dans le village les motifs de son renvoi, et que ses plans tomberaient dans l'eau.

— Tu comprends, dit-il à Jean, pourquoi je te demandais ce petit service. De ma fenêtre j'aurais vu la porte de la maison que je te fais approprier. Un signe suffisait pour t'appeler quand j'aurais eu besoin de toi, et voilà quelques branches de ce diable d'arbre qui m'empêcheront de communiquer avec moi !

— Je ne dis pas, fit le jardinier. A la place de monsieur, je penserais sans doute comme lui ; mais les gens du pays sont jaloux de leur arbre, et je n'oserais porter la main à leurs plaisirs.

— Un homme tel que moi respecte la propriété d'autrui, dit Roblot, et les raisons que tu me donnes ont quelque valeur... Mettons que je n'ai rien dit, n'est-ce pas?... D'ailleurs, je ne t'ai pas fait monter pour si peu de chose.

Alors Roblot informa le galant jardinier des projets qu'il avait formés pour lui assurer une existence tranquille. Jean devait se marier au plus tôt, afin d'entrer en ménage dans la petite maison de la place aussitôt qu'elle serait restaurée.

Le jardinier se fit d'abord tirer l'oreille, alléguant diverses raisons, entre autres celle de n'avoir point d'économies.

— N'est-ce que cela? dit Roblot. Je te donne

cinq cents francs le jour de la signature du contrat.

— Ah! que monsieur est bon! dit Jean alléché par l'argent. Avant un mois, s'il plaît à monsieur, je serai marié.

Par ce cadeau, Roblot voulait effacer le mauvais effet de la confidence relative au marronnier. Les cinq cents francs attachaient à jamais Jean à son maître. Qui sait s'ils ne feraient pas taire ses scrupules le jour où le bourgeois dresserait de nouvelles batteries contre l'arbre?

VIII

A Marcoussy s'était retiré un certain Poireau, ancien valet de chambre du riche marquis de la Chesneraye, si connu par les belles plantations d'arbres qu'il fit dans des terrains vagues aux environs de Paris.

L'ex-valet de chambre vivait d'une pension que lui avait laissée le marquis, en mémoire de vingt années passées à son service. N'ayant rien à faire, il passait sa journée à parler de feu le marquis à ceux qui voulaient bien l'écouter. Ce n'était pas un paysan que Poireau, et pourtant les bourgeois ne pouvaient reconnaître pour un des leurs ce petit rentier. L'ancien valet de chambre avait conservé de sa domesticité comme une marque qui l'empêchait de prendre place au conseil municipal, quoiqu'il ne fût guère composé que de paysans et de laboureurs. C'était un être déclassé qui, ailleurs, aurait passé pour un bourgeois, grâce à son petit avoir ; il commit la faute de se retirer dans son pays natal, parmi des gens qui, tous, l'avaient connu en service.

Roblot, le lendemain de la démolition du toit, rencontra Poireau.

— J'ai un conseil à te demander, lui dit-il.

— Je suis à votre commandement, monsieur, lui répondit l'ancien valet de chambre.

— Combien vaut un marronnier semblable à celui de la place du village?

— C'est un bel arbre!

— Sans doute : combien l'estimes-tu?

— Cela dépend.

— A peu près?

— Est-ce que monsieur songerait à transplanter le marronnier dans sa propriété?

— Non, je désirerais savoir ce qu'il vaut.

— Dame! feu monsieur le marquis n'aurait pas hésité à payer le marronnier cinquante mille francs.

— Plaît-il?

Poireau répéta que son maître avait fait des folies pour ses plantations, et que le payement de cinquante mille francs pour un marronnier de cette envergure ne l'eût pas étonné.

— Mon cher monsieur Poireau, dit Roblot en touchant familièrement le bras de l'ancien valet de chambre, le marquis de la Chesneraye était fou, et il est étrange que sa famille ne l'ait pas fait interdire.

— Il était riche à millions ; il se passait ses fantaisies.

— Qu'importe ! s'écria Roblot, un homme qui achète un marronnier cinquante mille francs court grand risque d'être renfermé par ses héritiers.

— C'est un arbre superbe, disait Poireau... Si monsieur le regardait !

— Oh ! je le connais.

— Il ferait merveille dans votre propriété.

— Vous vous trompez, mon cher monsieur Poireau ; mon parc est suffisamment ombragé.

— Ah ! dit Poireau.

— Quand vous voudrez, fit Roblot, je serai très-heureux de vous le faire visiter.

— Ce n'est pas de refus, monsieur, dit Poireau.

— Si vous avez un instant à vous, nous pouvons y faire un tour.

— Je suis à vos ordres, monsieur.

Roblot était humilié de faire de telles avances à un ancien domestique ; mais il fallait lui faire oublier cette conversation.

Voilà le propriétaire faisant les honneurs de son parc à Poireau, et cela parce qu'il craignait les indiscrétions de l'homme à qui il avait posé si imprudemment la question du marronnier. Jusqu'alors Roblot avait tutoyé l'ancien valet de chambre ; il ne lui parlait plus qu'avec une extrême déférence, lui montrant dans tous ses détails sa propriété, comme à un visiteur de distinction.

Poireau convint volontiers, du reste, que le marronnier n'avait que faire dans un jardin couvert de charmilles. Un criminel qui cherche à dérouter un juge d'instruction ne ressent pas plus de jouissances que Roblot, redoublant d'efforts vis-à-vis de Poirot, pour se créer vis-à-vis des gens du village un témoin à décharge au cas échéant. Aussi, pour dépister le valet de chambre, Roblot jouait le jeu d'un fanatique de plantations, demandait la valeur de chaque arbre et semblait un novice ne cherchant qu'à s'instruire.

A la fin de cette visite, Roblot eût volontiers de nouveau tutoyé Poireau pour montrer qu'il reprenait ses droits de bourgeoisie, que cette promenade dans le parc ne tirait pas à conséquence et que l'ancien valet de chambre se gardât bien de croire qu'elle constituait un précédent; mais une politesse sitôt remplacée par un ton aristocratique eût été par trop sensible, et quoique se tenant sur la réserve, ce fut en maître de maison que Roblot reconduisit son hôte.

Arrivé à la grille qui donne sur la place, Poireau s'arrêta comme s'il eût tenu à faire remarquer des gens du village qu'il causait familièrement avec un riche propriétaire; il fit une station sur le seuil de la porte, ce que remarqua Roblot, qui allait congédier son visiteur lorsque le valet de chambre, lui montrant le marronnier :

— C'est dommage, pourtant, que cet arbre gâte entièrement votre vue.

— Peuh! fit Roblot se sentant pâlir.

Ainsi Poireau avait deviné son secret.

— Au revoir, cher monsieur, fit Roblot en lui tendant la main.

Ce serrement de main, auquel ne manqua pas de répondre le valet de chambre, fut désagréable à l'ancien banquier. Il avait dit *au revoir* et non *adieu* à un homme avec lequel il lui était pénible d'entretenir des rapports ! Et cet homme était son voisin !

Ce fut avec irritation, dès lors, que Roblot regarda le marronnier qui lui faisait faire de telles bassesses.

Un matin que Roblot était encore couché, son domestique lui annonça que le tonnelier venait mettre du vin en bouteilles.

— Fais monter le père Duclos.

Le tonnelier de Marcoussy était en même temps maire du village ; un brave homme tout rond, qui mettait avec le même sans-façon son écharpe et les tonneaux en perce. Possesseur de quelque bien au soleil, le père Duclos, l'un des anciens de la commune, grâce à son sens pratique des choses, avait été choisi par les paysans pour les administrer, et n'en semblait pas plus fier.

— Bonjour, père Duclos, lui dit le bourgeois ; avez-vous deux minutes à me donner ?

Roblot, qui avait le marronnier à cœur, commença par faire l'éloge de l'administration municipale, du parfait entretien des routes et de la tranquillité du pays.

— Monsieur, je ne mérite pas tous ces compliments, disait le tonnelier.

Alors Roblot aborda franchement la question de

l'ébranchage qu'il voulait faire subir au marronnier.

— J'éprouve une certaine gêne par suite de ces touffes difformes de feuillage qui me dérobent la vue de l'horizon.

— Je vous comprends bien, disait le tonnelier.

— Alors vous voudrez bien répéter devant Jacques qu'il peut élaguer quelques branches.

— Monsieur, je m'arracherais la langue plutôt que de transmettre de pareilles paroles.

— Quel singulier pays! s'écria Roblot. On n'y parle que de mutilations. Jacques veut se couper un doigt pour ne pas m'obéir. Vous, père Duclos, vous vous arracheriez volontiers la langue... Vraiment, la chose n'en vaut pas la peine.

— Excusez, monsieur, fit le tonnelier; c'est la façon de parler des gens de la campagne.

— Eh bien, père Duclos, revenons à des idées plus douces... Je suis malade, vous le voyez.

— Monsieur, j'en suis autant accablé que vous.

— Merci, père Duclos, de compatir à mes souffrances. Vous admettez, n'est-ce pas, que je cherche à les adoucir?

— Il n'y a guère de malade qui goûte sa maladie.

— Si je vous disais que la vue de la cathédrale de la Ferté contribuerait à me rappeler à la santé...

— C'est un beau clocher tout de même.

Alors Roblot confia au maire que le marronnier gênait précisément une vue si pittoresque, et l'empêchait de goûter les distractions que recherchent habituellement les malades.

— Qué malheur! qué malheur! s'écriait le père Duclos.

Roblot revint encore à la charge.

— Je saisis bien votre idée, disait le tonnelier; malheureusement, je ne suis pas le maître... Ah! si l'arbre était à moi, je ferais tout pour satisfaire monsieur. Mais il y a un conseil municipal, et c'est les membres qui doivent délibérer sur cette question.

— Le conseil municipal, vous en faites ce que vous voulez, père Duclos.

— Excusez, monsieur, si je prends la liberté de vous contredire... Chacun a sa voix...

— Certainement, chaque membre vote; mais votre âge, votre grand bon sens, l'estime dont vous entourent vos administrés, font que vous avez une prépondérance dans le conseil; ce que vous voulez obtenir, quand vous vous en donnez la peine, est voté à l'unanimité.

— Monsieur, les gens de la campagne sont jaloux de leurs priviléges... Ils ne m'écouteraient pas si je voulais les faire aller à *hu* quand ils ont résolu d'aller à *dia*.

— Mais enfin que faire, père Duclos?

— Une pétition au conseil serait encore préférable.

— Une pétition pour enlever quelques branches à un arbre dont le feuillage forme boule?

— Les gens de ce pays-ci ont toujours admiré leur marronnier tel qu'il est... Dans notre endroit, on est coutumier, les gens n'aiment pas à changer leurs habitudes.

— Eh bien, père Duclos, j'y songerai.

Roblot pesta contre l'entêtement des paysans. Cela ne le menant pas à ses fins, une autre idée lui vint en tête. La commune avait l'intention de faire bâtir une mairie, et en était restée à l'intention, faute de fonds. Pourquoi ne pas acheter le marronnier, dût-il coûter un peu cher?

De l'ensemble des raisons du maire, une seule avait quelque valeur, quoiqu'elle appartînt à l'ordre des affaires de sentiment : c'est que les gens âgés du pays avaient vu tout enfants le marronnier. Roblot n'ignorait pas quel prix le paysan tarife le sentiment dans les affaires commerciales; mais il pouvait s'engager à transporter le marronnier à quelques pas plus loin, sur la place, à un endroit où même il aurait son utilité, c'est-à-dire en face de la fontaine. N'était-il pas plus logique de le voir devant la fontaine que derrière? Les ménagères, en puisant de l'eau, seraient désormais abritées.

Malgré les progrès de la science, Roblot ne répondait pas que la transplantation du marronnier réussirait : ce détail lui importait peu. Il fallait d'abord conclure le marché.

IX

Mais le marché était difficile à conclure. Ah! si Roblot avait été assez ingambe pour ébrancher lui-même le marronnier, comme il eût tenté l'entreprise la nuit, faisant petit à petit une trouée dans le feuillage. N'existait-il donc pas de substances chimiques à l'aide desquelles on pourrait arroser les racines de l'arbre et les amener, sans que personne s'en doutât, à un rapide dépérissement?

A cette heure, Roblot ressentait les agitations nocturnes des gens qui combinent un crime. Les anxiétés de ceux qui cherchent un poison pour se débarrasser d'un être vivant, Roblot les connut et n'osa pourtant se laisser gagner par cette idée, Poireau et le maire du village étant des témoins à charge qui, au moindre délit, feraient connaître sa culpabilité.

Un matin, le bourgeois aperçut à quelques pas de sa maison un homme en costume d'ouvrier, suivi d'une longue voiture, à laquelle était attelé un misérable cheval; aux fenêtres de la voiture apparaissaient trois têtes d'enfants d'âges divers. Tout ce monde était propre, mais pauvre. La voiture installée sous le marronnier, et le cheval dételé, l'homme disposa à l'ombre son matériel, composé d'un soufflet, un trépied, un réchaud et un sac de cuir. Il était à peine installé que les ménagères du village arrivèrent les unes après les autres, apportant leurs poêlons, leurs casseroles, et le rétameur commença des opérations d'un grand intérêt, à en juger par le nombre d'enfants qu'elles appelèrent sur la pelouse.

Le soufflet ayant activé les charbons du fourneau, dans un creuset s'opéra une fusion mystérieuse, cachée d'abord sous une crasse épaisse, qui se teintait de tons bleuâtres et prismatiques, jusqu'à ce que l'ouvrier eût plongé une cuiller dans un ruisseau d'argent brillant, qui faisait ouvrir de grands yeux aux enfants attroupés. C'était comme un alchimiste qui, à l'aide d'un chiffon graisseux, donnait aux vieux objets qu'on lui avait confiés un aspect luisant comme la lune ; des débris d'anciennes gouttières, de boutons de plomb de culottes, se transformaient en un liquide merveilleux qui, versé dans un moule, en sortait converti en cuillers et fourchettes neuves.

La femme du rétameur allait chercher de l'ouvrage dans les maisons du village, et dans les intervalles donnait à teter à un nourrisson, dont le berceau s'étalait sur le devant de la longue voiture : c'était à l'intérieur qu'était installé le ménage du rétameur ; là il reposait la nuit, là il prenait ses repas le jour.

Roblot, qui ne manquait pas de moments inoccupés, vint regarder le travail du pauvre ouvrier.

— Eh bien, mon brave, l'ouvrage va-t-il un peu ?

— Comme ça, répondit le rétameur sans lever la tête.

Ce mot rendit le bourgeois rêveur. Il est certain
que la fonte de quelques couverts et la mise à neuf
d'ustensiles de ménage devaient nourrir difficilement
cinq bouches.

— Je tiens mon homme, pensa Roblot.

Il rentra à sa maison et demanda à la cuisinière
s'il n'y avait pas quelque objet à donner au rétameur ;
mais déjà celui-ci était venu faire ses offres de service.
Ce n'était pas dans une cuisine montée à neuf et sur
un certain pied, depuis un an, qu'il fallait que l'ouvrier comptât.

— Ce brave homme m'intéresse, dit Roblot, qui
étonna profondément la cuisinière en tordant lui-
même quelques couverts d'étain.

Sans s'inquiéter de ce détail, le bourgeois porta
au rétameur les couverts pour être fondus de nouveau. En même temps, et pour prolonger la besogne,
Roblot lui en commandait une douzaine entièrement
neufs ; l'ouvrier n'ayant pas suffisamment de métal
à sa disposition, un domestique partit en toute hâte
chercher un lingot de plomb à la Ferté.

Cette commande prolongea d'une journée le séjour
du rétameur à Marcoussy : Roblot en profita. Levé
le lendemain avant le soleil, il frappait aux fenêtres
de la charrette, ayant, dit-il, quelque chose à communiquer à l'ouvrier. Le rétameur se montra, un
peu étonné de trouver sous le marronnier le bourgeois, qui aussitôt lui fit part des soucis que lui causait ce gros arbre trop touffu. Roblot demandait s'il
ne serait pas possible d'agrandir les trous creusés

par les enfants au pied de l'arbre, et d'y renverser, comme par accident, la fonte brûlante de l'étain. Le métal en fusion devait pénétrer jusqu'aux racines de l'arbre, qui périrait lentement à la suite de cet accident.

Comme l'ouvrier paraissait surpris :

— Ce serait pour vous une fameuse journée, dit Roblot, et si dix écus vous étaient agréables?

Le rétameur ne répondant pas, Roblot crut qu'il se faisait tirer l'oreille pour doubler la somme. Il eût volontiers donné cent francs au complice qui l'eût débarrassé du marronnier.

— Si c'est dans ce but que vous faites venir de la ville un lingot d'étain, dit l'ouvrier, vous pouvez le renvoyer... Je ne fais pas de ces commerces-là... Cet arbre ne m'a rien fait pour que je m'en venge... Il y a dix ans que je viens m'installer sous son ombrage; il m'a garanti des grandes chaleurs; il nous a tous protégés, la femme, les enfants et moi, contre la pluie... Et c'est en cherchant à lui nuire que je récompenserais un arbre qui m'a toujours été salutaire!... Gardez votre argent, monsieur... Je ne suis qu'un pauvre rétameur qui vit de son travail, mais dont la conscience n'a rien à se reprocher. Je n'oserais plus paraître dans le village à la suite de cet événement, et en voyant l'arbre mort il me semble que j'aurais un crime à me reprocher... J'ai cinquante ans, l'arbre en a bien le double. Si je vous écoutais, il me semble que je frapperais un vieillard qui n'a pas la force de se défendre.

Un autre que Roblot eût été touché des accents que la défense d'un arbre inspirait à un pauvre artisan : le bourgeois haussa les épaules ; toutefois, il se contint et dit à l'ouvrier que c'était pour l'éprouver qu'il avait parlé de la sorte. Comme l'étain était arrivé de la ville :

— Vous êtes un brave homme, dit Roblot, et je m'intéresse à vous. Votre matériel, à ce que j'ai pu voir, n'est pas considérable ; gardez ce métal dont je n'ai que faire. Et quand vous repasserez dans le village, venez à la maison ; ma cuisinière vous gardera ses ustensiles à rétamer.

Le bourgeois, dont les projets avaient échoué une fois de plus, chercha à oublier le terrible adversaire qu'il ne pouvait vaincre, et qui sans cesse se dressait vert et vivace devant ses fenêtres ; mais dans un petit village peu troublé par les événements, il était difficile que le souvenir du marronnier s'effaçât. Si Roblot se promenait dans la campagne et qu'il vît une fourmilière au pied d'un arbre, se creusant une longue voie dans les racines, il eût volontiers emporté cette légion de fourmis dans son chapeau pour l'introduire au sein du marronnier.

Souvent le bourgeois s'arrêtait devant de vieux saules troués et pourris, dont l'écorce déchiquetée laissait voir des larves attachées au bois, que par leur travail incessant elles changeaient en pourriture. Alors le bourgeois se rappelait l'inhumanité avec laquelle il avait traité le pauvre chercheur qui s'était en vain adressé à lui pour adoucir son associé, si rigoureux en matière de recouvrements. De la conversation de ce chimiste qu'il avait peu écouté, il restait dans l'esprit de Roblot, qu'ayant étudié les mœurs de ces insectes pour arriver à leur destruction, le même homme connaissait les lois de leur fécondation ; sa pauvreté le plierait sans doute à ce qu'il désirait vivement, c'est-à-dire à emprunter à un arbre une famille de larves qui pompait son suc générateur pour insérer cette famille d'insectes dévastateurs sous l'écorce du marronnier.

Ignorant en sciences naturelles, Roblot se laissait aller à des paradoxes qu'aucune donnée sérieuse ne pouvait combattre. Possédé par cette idée, il écrivit à Torlot pour lui demander des nouvelles du « savant » Le Garrinec, à qui la maison de banque avait fait jadis une avance de six mille francs. Torlot répondit que le chimiste avait disparu de France après saisie de ses meubles, incarcération pendant un an à la prison pour dettes, d'où le banquier s'était vu obligé de le laisser sortir, la pension alimentaire qu'il devait au détenu augmentant d'autant le passif d'un homme insolvable. Torlot ajoutait qu'il avait entendu dire depuis que son débiteur avait vendu un bon prix le fruit de ses recherches à une compagnie anglaise, mais qu'il avait complétement perdu ses traces.

X

Roblot chercha d'autres moyens pour arriver à ses fins.

Le conseil municipal avait voté récemment des fonds pour l'acquisition d'une pompe à incendie; Roblot put chaque soir, de sa fenêtre, se donner le spectacle des paysans qui apprenaient l'exercice de la pompe sur la place.

Le marronnier servait de but; il s'agissait, à l'aide du jet d'eau s'échappant de longs tuyaux de cuir, d'atteindre la cime.

L'été avait été d'une extrême sécheresse; l'eau de la fontaine publique, à laquelle se fournissaient les pompiers, fut bientôt épuisée.

Le capitaine demanda à Roblot l'autorisation de puiser de l'eau dans les sources qui traversaient son jardin, et Roblot l'accorda, tout en gémissant de voir son eau arroser les feuilles pendantes du marronnier, qui peut-être seraient tombées un mois plus tôt, par suite de l'excessive sécheresse.

A cette époque devait avoir lieu au chef-lieu un grand concours de pompes : un tronçon de chemin de fer, qui venait d'être terminé, mettait pour la première fois en rapport direct des populations jadis séparées de vingt lieues. Aussi le regret des paysans de Marcoussy était-il considérable de ne point se rendre à ce concours. Le conseil municipal n'avait pas de fonds suffisants pour habiller les pompiers de la commune.

Roblot, jugeant qu'il fallait se montrer généreux en cette circonstance, chargea Torlot de s'entendre avec un fournisseur d'équipements militaires pour habiller à bon marché quarante pompiers.

« Une bagatelle que cent quatre-vingts francs par homme, lui répondit Torlot... J'ai obtenu le tout pour sept mille francs... Je vois avec plaisir que tu prends pied dans le pays, et j'espère bien t'écrire prochainement : A M. Roblot, maire de Marcoussy. »

Maire du pays! Roblot n'y avait jamais songé jusque-là. S'il habillait les pompiers, c'était avec la vague idée de demander plus tard en échange le marronnier. Mais diriger les affaires de la commune n'était pas pour lui l'honneur que briguent tant de gens. Toutefois, la première mesure qu'il ordonnerait, si les vœux de Torlot se réalisaient, serait une coupe régulière du marronnier : dût-il n'être maire qu'un jour, Roblot comptait bien en arriver à ses fins.

Malheureusement, les élections n'avaient lieu que dans un an, et il fallait soutenir jusque-là le rôle de bienfaiteur de la commune.

Le curé vint à la rescousse, quand le don de Roblot fut connu. Un homme qui donne exclusivement au pouvoir municipal risque fort de se faire un ennemi du pouvoir religieux. Et on sait de quelle puissance dispose le curé dans les petits centres.

« Tu es dans le vrai, écrivait Torlot à son ami en lui envoyant des tableaux de stations, des ornements d'autel et une chasuble neuve. Soigne les prêtres, ton élection est certaine. Quand tu auras le pied à l'étrier, tu verras si tu as des chances pour te présenter comme candidat au conseil général. »

Tel n'était pas le rêve de Roblot, dont toutes les idées étaient absorbées par le marronnier.

Ces dépenses valurent toutefois à Roblot de hautes marques de satisfaction qui avaient leur valeur. Le jour de l'inauguration du chemin de croix, le curé désigna suffisamment le donateur à ses paroissiens, en remerciant en chaire « le chrétien généreux » qui se montrait si soucieux des besoins « des fidèles. » Et pourtant Roblot ne s'était pas confié au curé ; mais l'Église ne demandait pas mieux que de prêter la main à son élection.

Dès lors Roblot entra dans une voie de largesses si considérables, que Torlot lui-même s'en montra surpris. « Il en coûte cher, lui écrivait-il, pour se faire nommer maire dans ta commune. »

En effet, Roblot, pour se tenir en équilibre au milieu de deux pouvoirs jaloux, était obligé de donner sans cesse, faisant taire les demandes des uns par des dons aux autres, et devenant diplomate sans le vouloir.

L'architecte Bourdoulon, sans doute averti par le curé, eut vent de ces prodigalités.

Un jour, à la suite d'une visite à Roblot, il l'entraîna du côté de l'église, et lui montra un contre-fort miné, disait-il, par les eaux pluviales, et qui devait déterminer, à un moment donné, la chute de la façade latérale tout entière sur le mur de la propriété du bourgeois.

On pense avec quel souci Roblot accueillit cette confidence.

— A votre place, dit l'architecte, je n'hésiterais pas à commencer, de votre chef, des travaux de consolidation... Tout le pays vous en saura gré..... Je vous présenterai au préfet, avec qui je suis en excellents termes... Croyez-moi, vous ne vous mettez pas assez en vue... On a besoin d'hommes intelligents dans le pays.

Ce dernier argument répondait trop aux sentiments secrets de Roblot pour qu'il ne s'y laissât pas prendre. D'ailleurs Bourdoulon l'assurait qu'activé par les efforts d'un simple particulier, le conseil général voterait certainement un fort subside pour la consolidation de l'église.

Naturellement le curé fit cause commune avec le restaurateur de cathédrales. Roblot se trouva dès lors dans la position d'un lézard que des gamins jettent dans une fourmilière. Au bout d'une heure, il n'en reste que sa frêle anatomie.

C'était maintenant avec une sombre mélancolie que Roblot considérait le marronnier, point de départ de prodigalités que rien ne pouvait plus arrêter. Il aurait fallu fuir Marcoussy ! Roblot se sentait écorcher vif par le pouvoir municipal et le pouvoir religieux. Il avait, la nuit, des cauchemars pendant lesquels architecte, maire, curé, maître d'école, dansaient une ronde frénétique sur sa poitrine. Comme il avait sagement agi de ne pas vendre sa part dans la banque Torlot !

Avec anxiété Roblot se demandait parfois s'il n'eût pas été plus prudent de rester tranquille à Paris, où on n'est pas tiraillé à quatre chevaux par les quémandeurs des subventions et subsides.

XI

Les élections municipales approchaient. De ses fenêtres, Roblot voyait les paysans se réunir à l'ombre du marronnier ; sous l'arbre se décidait son sort. A Marcoussy, les suffrages étaient débattus « de bonne amitié, comme en famille, » disaient les paysans.

En effet, ils étaient tous cousins, à des degrés, il est vrai, un peu fantastiques ; mais ils ne s'en traitaient pas moins de cousins. C'est la franc-maçonnerie des paysans. Ils veulent qu'un même sang coule dans leurs veines et que leurs intérêts soient communs. Aussi, seuls, les cousins avaient pouvoir de discuter sous le marronnier, sans que nul ne pût percer le secret de leurs délibérations.

Heureusement, parmi les cousins du pays, Roblot comptait dix des pompiers qu'il avait généreusement habillés ; d'un autre côté, si le curé n'exerçait pas un pouvoir absolu sur les paysans, il dirigeait plus faciment les consciences des cousines qui, au village, comme ailleurs, ont leur importance. Les cousines, suivant régulièrement les offices, s'intéressent plus directement que « leurs hommes » aux besoins de l'église.

Il fallait avoir pour soi les cousines. Roblot n'hésita plus à se laisser entraîner par l'insidieux Bourdoulon à consolider le contre-fort d'apparence robuste, mais qui, au dire de l'architecte, menaçait ruine.

Les ouvriers commencèrent par démolir le contre-fort ; c'est la façon de consolider des restaurateurs de monuments. Une brèche résulta de la disparition de la partie étayante. Bourdoulon fit entendre à Roblot que l'affaissement du sol aux environs s'étendait à la muraille tout entière, que rétablir le contre-fort dans son équilibre naturel produirait un détail boiteux, et qu'il fallait restaurer, c'est-à-dire abattre toute la façade nord.

— Mais les frais sont considérables ! s'écria Roblot effrayé.

— Nous n'aurons guère besoin de plus d'une quinzaine de mille francs pour commencer, dit Bourdoulon.

Quinze mille francs « pour commencer » amenèrent sur les traits du bourgeois une contraction pénible.

— Que vous importe, cher monsieur ? fit l'architecte d'un ton dégagé. Vous entraînez le conseil général dans l'engrenage.

Roblot demanda l'explication de cet engrenage. Suivant Bourdoulon, les conseillers généraux ne laisseraient pas un citoyen faire une semblable restauration de ses propres deniers. D'ailleurs le préfet serait un auxiliaire précieux. Appelé à veiller aux intérêts du département et des particuliers, connaissant la question mieux que les conseillers qui, une fois l'an, se réunissent pour traiter de questions qu'ils ont médiocrement étudiées, le préfet leur ferait comprendre l'importance de la restauration de l'église de Marcoussy. Qu'était-ce alors que ce déboursé de quinze mille francs, sinon une simple avance dont le conseil voterait le remboursement immédiat.

En envoyant les quinze mille francs, Torlot répondit à Roblot, qui s'était ouvert à lui sur ce point :

« Ah ! mon gaillard, je croyais te connaître, mais je me trompais : l'air de la campagne t'a considérablement fouetté le sang. Je lis maintenant dans ton jeu, tu veux te faire nommer député. »

Roblot continuait à vouloir la perte du marronnier. Quand il le regardait à cette heure, c'était avec les yeux inquiets d'un vieillard amoureux, entraîné à payer les folles dépenses d'une créature qui le trompe et qu'il n'en adore pas moins.

Et plus d'un souci était logé dans ce regard, les gens au service de Roblot lui ayant rapporté que les paysans se plaignaient du bouleversement causé sur la place du village par les démolitions de l'architecte.

Faisant face à la partie démolie de l'édifice, un rond-point de verdure servait de salle de bal champêtre à la jeunesse du pays. Ce lieu, maintenant rempli de moellons, était changé en atelier de démolition ; les garçons et les filles, qui se soucient médiocrement de travaux d'architecture, en témoignaient hautement leur mécontentement. La partie verdoyante de la place n'offrait plus que débris et gravois, les chariots des ouvriers y ayant tracé de profondes ornières au commencement d'un automne pluvieux.

D'un autre côté, la brèche ouverte dans l'église plaisait médiocrement aux paysannes, dont les bancs, situés dans cette direction, étaient exposés à la pluie, à la bise. Roblot se lança dans les nouveaux frais d'une construction provisoire en bois pour satisfaire les cousines, dont l'influence pouvait avoir tant de poids sur le vote des cousins.

Ce provisoire, que le bourgeois aurait voulu faire durer en attendant une délibération du conseil général, ne put tenir contre la visite du préfet qui, en compagnie de l'architecte, vint faire un tour à Marcoussy.

Roblot lui fut présenté, comme il avait été convenu.

— C'est vous, monsieur, dit le préfet, qui avez entrepris la restauration de ce monument?

Roblot s'inclina.

— Je vous félicite. Vous avez agi en bon citoyen, reprit le préfet, qui n'était pas descendu de sa voiture et dont les chevaux repartirent aussitôt.

Quel honneur d'avoir été remercié publiquement

par le premier administrateur du département! Roblot se laissa saigner par l'architecte de quarante nouveaux mille francs.

— Peste ! s'écria Torlot, comme tu y vas! Tu veux accabler tes concurrents..... C'est une grosse somme que tu retires de ma caisse ; mais, maintenant que tu as commencé, tu ne peux plus t'arrêter.

Si Roblot eût eu la moindre faculté poétique, il se fût répandu en imprécations contre le marronnier ; mais son irritation, pour ne pas s'exhaler en vers, n'en était pas moins profonde.

Ses arbres, ses fleurs, ses plates-bandes, sa cour, jusqu'à l'intérieur des appartements, étaient couverts d'une poussière blanchâtre, tellement fine qu'elle se glissait sous le globe des pendules. Une bande de plâtriers dans la maison n'eût pas laissé plus de traces. Mais les élections approchaient !

Roblot donna un grand dîner dans l'intérêt de sa candidature. Ce qu'il en recueillit de plus positif fut l'irritation des gens du pays, qui se plaignaient de la lenteur des restaurations de Bourdoulon. Le bourgeois, assez faible pour prendre parti avec ses invités contre l'architecte, répondit que son premier acte de maire, s'il réunissait les suffrages de ses concitoyens, serait de sommer Bourdoulon d'avoir à rétablir, dans un bref délai, les murs de l'église.

Cependant le grand jour arrive. Marcoussy est en rumeur. Le garde champêtre parcourt le village, portant à chacun des bulletins de vote.

Les cousins s'agitent en parcourant le village d'un

air rayonnant. Des groupes se forment chez le tonnelier, l'ancien maire du pays. Roblot passe devant la porte et salue jusqu'à terre ceux qui, dans un instant, introduiront son nom dans l'urne, d'où il doit sortir triomphant.

Dans la rue s'ébattent des enfants mangeant de grandes tartines d'une *balossée* noire et épaisse, qui s'étale de la bouche aux oreilles.

— Charmants enfants! s'écrie Roblot, qui, afin de gagner le cœur des mères, embrasse les marmots et s'embarbouille de la gluante confiture.

Tout près de là, un homme fait griller un cochon. Roblot, pour obtenir une voix de plus, entre dans le cercle de fumée épaisse que produit cette carbonnade, félicite l'homme sur la beauté de l'animal et l'achète tout entier, se condamnant, lui et sa femme, à se nourrir, pendant un mois, de porc dont il n'a que faire.

Sur ses lèvres, dans son attitude, dans ses regards inquiets, apparaissent clairement ces naïves manœuvres électorales qui échouent devant un bulletin qu'il trouve aux mains d'un paysan.

Roblot n'est pas inscrit sur la liste.

— Il en existe donc plusieurs? se demande le bourgeois qui a fait imprimer deux mille bulletins de vote à la suite de délibérations où le curé et lui se sont trouvés d'accord sur le choix des candidats.

Roblot court à la mairie et regarde avec anxiété les paysans de la volonté desquels son sort dépend.

Toutes les mains sont munies d'un bulletin de papier grossier qui n'a nulle ressemblance avec les élégants votes satinés que l'imprimeur a livrés au bourgeois.

Il semble à Roblot que les paysans lui lancent un regard ironique. Que faire, à cette heure, pour contrebalancer les manœuvres des cousins?

Le temps court : il est trop tard ; les bulletins sont jetés dans l'urne. Ils en sont tirés. Un seul contient le nom de Roblot. C'est le sien.

Au grand désappointement du bourgeois, encore une fois la bande tout entière des cousins est réélue.

XII

Il n'existe pas d'être plus *sondeur* qu'un paysan. Les questions qu'il n'ose adresser à un individu, il se les pose intérieurement.

Pourquoi Roblot veut-il être maire? Quelles raisons l'attachent au pays? En vertu de quels sentiments s'intéresse-t-il à la commune? Où sont ses champs, ses foins, ses froments, ses blés, ses avoines? Que lui importent les travaux de grande et de petite voirie, les réparations de chemins vicinaux, les prestations en nature?

Toutes questions qui avaient été plus d'une fois agitées sous le marronnier, sans qu'aucune d'elles amenât une réponse favorable au bourgeois.

Roblot était condamné d'avance. Il lui manquait à la fois « de la terre, » et du sang de cousin dans les veines.

D'ailleurs le jardinier avait parlé. Un paysan au service d'un bourgeois est un espion et un ennemi. Poireau également avait fait ses confidences ; son sang de cousin avait pu s'altérer, à la ville, dans les antichambres ; au village, il avait repris sa pureté. Le tonnelier, lui aussi, avait parlé. Il en résultait une série de charges accablantes, à savoir que Roblot complotait la ruine de l'arbre.

Les paysans peuvent ne pas être doux pour les femmes, les enfants et les vieillards ; ils éprouvent un sentiment de tendresse particulière pour la nature qui les environne. Il semble qu'un fond de druidisme et de traditions antiques les attache aux arbres. Ce sont pour eux des êtres vivants, aux progrès desquels ils s'intéressent et qu'ils regardent avec attendrissement. Un vieil arbre semble au paysan plus respectable qu'un membre de sa famille : l'arbre ne coûte pas d'argent à nourrir.

Rien que pour avoir jeté un regard de travers sur le marronnier, Roblot était devenu un sacrilége pour les gens de Marcoussy ; ses libéralités, loin de plaider en sa faveur, prenaient la proportion de crimes. Le bourgeois ne s'en douta pas d'abord ; certaines hostilités qui saluèrent sa défaite lui prouvèrent bientôt combien il avait eu tort de quitter Paris.

Son jardin fut régulièrement pillé la nuit. Le jardinier faisait pourtant bonne garde avec son fusil ; mais toujours les voleurs s'introduisaient dans l'endroit opposé à celui où veillait Jacques. Le cours d'eau qui circulait dans la propriété et la rendait verdoyante vint à se dessécher, quoique la source de la montagne ne fût pas tarie : ce cours d'eau alimentait un moulin; malgré la police des eaux, le meunier trouvait moyen d'en priver à sa volonté son voisin. Prières, menaces, procès, rien n'y fit. Ce meunier, un des gros bonnets du conseil municipal, avait été choisi comme le bourreau qui devait châtier le bourgeois coupable de projets destructeurs.

La session du conseil général n'amena pas la plus mince subvention pour la restauration de l'église. Bourdoulon s'était joué de Roblot, en l'entraînant à de prétendues avances qui se soldèrent définitivement par une centaine de mille francs de frais de reconstruction. Le bourgeois était tenu de réédifier ce que l'architecte avait détruit. La visite du préfet avait été purement accidentelle, et il ne se doutait pas qu'il servait d'instrument dont jouait le trop habile architecte.

Honteux de s'être laissé prendre à des piéges si grossiers, tenu à l'écart par les paysans qui le regardaient comme un condamné libéré, Roblot vendit sa maison le quart de ce qu'elle lui avait coûté.

La veille même du jour où Roblot devait partir pour Paris, comptant boucher cette brèche à sa fortune en rentrant dans la banque, il se trouva que Torlot, qui avait besoin d'être surveillé, faisait faillite et ne laissait qu'un demi pour cent à ses créanciers.

Le séjour au village et l'envie de détruire le marronnier coûtaient à Roblot plus de sept cent mille francs.

N'est-il pas réconfortant pour les gens qui avec peine vivent médiocrement de leur travail, pour ceux qui pâtissent, de voir l'argent engendré par l'argent, l'argent maudit, qui a causé tant de chagrins et de ruines, s'échapper, à un moment donné, de la caisse d'êtres égoïstes et sans intelligence, et se répandre en travaux qui semblent inutiles et pourtant mettent en action des bras nombreux ?

Et c'est pourquoi la ruine des Roblot m'a toujours laissé un vif contentement au cœur.

Juillet 1869.

MADAME EUGENIO

MADAME EUGENIO

I

Le coin noir du Palais-Royal, formé par l'angle de la rue de Valois et de la rue Beaujolais, a toujours réveillé en moi de vifs souvenirs ; mille personnages singuliers y passent, depuis le neveu de Rameau jusqu'à Camille Desmoulins. Les Incroyables le traversent pour se rendre au café de Foy ; les militaires y poursuivent des amours faciles ; des joueurs ruinés sortent du fameux 113 et coudoient de malheureux cabotins qui s'en vont au café des Aveugles. La fille relève sa robe pour se montrer dans la fraîcheur de ses atours, et les provinciaux ouvrent de grands yeux, étonnés du luxe asiatique de ce Palais-Royal aux galeries de bois.

La République et l'Empire donnèrent du relief à ce coin de Paris, qui subit également l'influence de la

Restauration, clairement marquée par le nom de *Radziwill* appliqué au passage le plus étrange du Paris moderne.

Jadis les badauds s'extasiaient sur la maison que ce passage traverse, et qui était alors la plus élevée de toutes les constructions de Paris. Aujourd'hui cette maison a perdu sa réputation ; les passants s'y aventurent rarement, et, dans les transformations incessantes de Paris, elle est inévitablement destinée à disparaître.

Il est encore temps aujourd'hui d'aller la visiter, et les gens curieux du Paris de la Restauration peuvent s'engager dans ce passage noir qui se replie plusieurs fois sur lui-même, et arrête le passant par des angles et des détours que la lumière du jour éclaire à peine. L'œil, après s'être habitué à l'obscurité, rencontre une haute cage d'escalier, qui donne mieux l'idée de l'extrême élévation de la maison que la façade extérieure ; mais qu'ils sont à plaindre les gens entassés dans cette étrange bâtisse qui rappelle les tristes *traversées* de Lyon !

Ce fut là qu'un jour je rencontrai un jeune homme qui considérait avec une vive attention la façade de cette construction. Un homme qui regarde attentivement une chose mérite d'être regardé. Celui-là se faisait remarquer par une figure pâle, animée par des yeux noirs et pénétrants, qui semblaient traverser les murs de la maison. Il y avait dans la personne du jeune homme quelque chose d'abattu, de brisé, qui intéressait tout d'abord. A sa profonde attention, on comprenait qu'il ne contemplait pas de simples murs; la maison semblait un livre pour lui, et son regard attentif faisait penser à celui d'un savant qui déchiffre des manuscrits effacés.

Le jeune homme ne s'inquiétait pas des allants et venants; absorbé par son idée, le mouvement de la rue lui importait peu ; ainsi je pus l'étudier à loisir. Ses vêtements ne trahissaient rien de significatif. De la cravate roulée négligemment se détachait un cou d'une extrême finesse, qui était la principale beauté de l'inconnu; mais sa figure, sans être régulière, commandait l'attention. Le front plissé, les joues creuses semblaient donner asile à de vifs chagrins. Au premier aspect, l'homme pouvait paraître froid et indifférent ; ces apparences sont souvent le partage des natures délicates, froissées au contact des gens vulgaires, et qui, dans l'intimité, deviennent tout à coup chaudes et expansives.

Comme le jeune homme semblait ne pas devoir quitter la place de sitôt, je m'en allai, emportant avec moi le souvenir d'une physionomie sympathique qu'on est heureux de retrouver.

On verra peut-être dans ce que je vais dire une idée romanesque. J'ai rarement fait la rencontre d'un être singulier sans le retrouver à un moment donné. Il m'intéresse, il m'appartient. Je ne cours pas après lui, il semble poussé vers moi. Les femmes et les hommes qui m'ont frappé dans la foule m'apparaissent de nouveau tout à coup, conduits vers moi comme par un mystérieux pouvoir. J'attribue le bénéfice de ces singulières rencontres, quelquefois séparées par des années, à l'activité du regard qui le met en arrêt sur ce qui lui semble digne de curiosité ; aussi retrouvé-je six mois après mon inconnu dans les environs de la rue de Valois.

— Il vient du passage Radziwill, pensai-je.

Comme il entrait dans le Palais-Royal, je le suivis, frappé de sa démarche indécise, qui le poussait de côté et d'autre, un peu comme une âme en peine.

C'était au printemps : un riant soleil illuminait le jardin ; des bandes d'enfants se tenant par la main chantaient une ronde, non loin du café de la Rotonde. Je pris une chaise, et bientôt l'inconnu, comme attiré par l'aimant, vint s'asseoir à mes côtés, ce qui ne m'étonna pas, pensant au destin qui répondait ainsi à mes secrets désirs.

Inutile de dire comment, après quelques mots de conversation amenés par la vue des enfants, je me trouvai aussi à l'aise avec mon nouveau compagnon que si je le connaissais depuis de longues années. Peut-être une affinité secrète nous entraînait-elle l'un vers l'autre.

A quelque temps de là, nous nous quittions rarement ; une confiance réciproque, des goûts communs nous faisaient nous rencontrer avec autant d'intérêt que de plaisir.

Un jour que la conversation roulait sur l'amour :

— Jamais, me dit André, les romanciers ne le feront connaître complétement ; ils savent peindre la passion et ses désordres, mais bien des nuances, ils n'osent les approfondir.

Là-dessus je me récriai.

— Les écrivains ne peuvent tout dire, reprit André; obligés de faire des concessions au public sous peine de ne pas lui plaire, ils ajustent un dénoûment fictif à une histoire véritable, fondent dix personnages dans un même moule pour en tirer un à peu près réel; c'est avec le souvenir de plusieurs femmes souvent dissemblables qu'ils fabriquent une sorte de poupée; et ils croient, avec ces singuliers mélanges, peindre la nature! Il faudrait, continua André, rendre la passion dans toute sa sincérité, avec ses transports, ses laideurs, ses beautés, ses bassesses, sans s'inquiéter des lecteurs; écrire un tel récit comme sont écrits les mémoires personnels! Ah! j'ai souvent pensé à confier au papier tout ce que j'ai ressenti.

En parlant ainsi, la figure de l'homme s'animait; sous la mélancolie se réveillait une ardeur de jeunesse. Un drame bouillonnait au fond de ce cœur, et j'engageai mon ami à l'écrire.

— Il me semble, dit-il, que je me débarrasserais pour toujours de souvenirs charmants et cruels, et qu'en les retraçant avec une plume, je les perdrais à jamais. Cette Juliette, que j'ai tant aimée, doit rester en moi...

Il s'arrêta et reprit tout à coup :

— Elle demeurait dans la maison du passage Radziwill, devant laquelle vous m'avez rencontré...

Un instant ses yeux plongèrent en moi, comme pour me sonder.

— Vous plaît-il de faire un tour au bois? s'écria-t-il.

Là-dessus, ayant pris mon bras, mon compagnon se laissa aller à ses souvenirs.

II

Il y a une dizaine d'années, dit André, je finissais mes études de droit sous le coup d'un abattement que connaissent ceux qui ont été rudement éprouvés par une première passion. Lié à une créature coquette, je fus indignement trahi par elle. Un jour le voile s'était déchiré, et je me retrouvais le cœur brisé, maudissant l'amour et enveloppant toutes les femmes dans un égal mépris.

Si cette créature eût connu sa puissance, elle m'eût enchaîné à jamais, disposant de ma vie tout entière. Heureusement elle ne le voulut pas; mes minces ressources ne me permettaient pas de satisfaire à ses caprices : elle m'abandonna tout à coup, s'épargnant des récriminations qu'elle connaissait de longue date.

En partant elle emporta mon cœur, ma gaieté, mes croyances, ma jeunesse, et me laissa comme un tison solitaire que rien ne saurait rallumer; du moins le pensais-je ainsi. Mon passé, mon avenir semblaient un amas de cendres où l'on eût cherché en vain une étincelle.

Pendant deux ans que dura cette liaison, j'avais rompu toute espèce de relations avec le monde. Elle et moi nous nous suffisions ; à peine de rares amis venaient-ils de temps à autre faire diversion dans notre retraite.

Cette brusque rupture me montra les dangers d'une solitude aigrissante, et je retournai voir mes amis, entre autres un aimable garçon, musicien de son état, qui, malgré une vie difficile, conservait toujours une précieuse bonne humeur. Il avait à la fois le sentiment du beau et du gai ; suivant l'état de mon esprit, je n'avais qu'à le prier de me jouer du Beethoven ou un pont-neuf, pour qu'aussitôt il se mît au piano, prêt à satisfaire ma fantaisie.

Frédéric occupait, dans les environs du Luxembourg, un assez vaste appartement pour que je pusse en disposer de la moitié. J'y installai mon bagage d'étudiant : la musique, les nombreuses connaissances qui venaient dans cette maison, me firent oublier momentanément mon chagrin.

J'étais jeune, les ressorts n'étaient que rouillés par la funeste liaison avec la femme qui m'avait abandonné ; aussi repris-je le dessus.

Un soir, Frédéric m'invita à l'accompagner chez de riches négociants de la rue des Bourdonnais. Tel était son système de fréquenter diverses classes de la société, de se lier avec toutes sortes de gens, qui, grâce à sa bonne humeur et ses façons aimables, lui ouvraient immédiatement leurs portes ; mais un reste de tristesse que je ne parvenais pas encore à dissiper, fit que je refusai l'offre de Frédéric. Les arbres, la verdure, les fleurs étaient alors mes seules distractions, et l'ouverture des portes du jardin du Luxembourg me trouvait toujours le premier comme le dernier, sauf aux heures d'abattement que Frédéric me faisait oublier par sa gaieté.

Me promenant un jour dans la Pépinière, je le rencontrai donnant le bras à une jeune femme, en compagnie d'un homme qui la suivait.

— Madame, dit Frédéric en s'arrêtant tout à coup, permettez-moi de vous présenter mon ami André.

Je saluai la jeune femme, qui me fit des reproches de ne pas avoir accepté son invitation, et elle engagea son mari à se joindre à elle pour rompre ma sauvagerie.

C'était une personne empreinte d'une grâce aimable ; comme elle me pressait de revenir sur ma détermination, je ne pus refuser plus longtemps.

La rue des Bourdonnais, qui sonnait mal à mes oreilles par la nature du commerce de draps qui y est installé presque exclusivement, prit dès lors un rayonnement particulier, emprunté à la distinction de la jolie femme, et je questionnai Frédéric sur ce nouveau monde au milieu duquel il avait pris pied depuis quelque temps.

L'appartement des parents de Frédéric donnait en face de celui d'un marchand drapier. Quelquefois Frédéric se mettait au piano, et comme la rue des Bourdonnais est peu bruyante, de sa fenêtre la jolie femme avait écouté le musicien. La voyant s'intéresser à la musique, Frédéric l'avait saluée; ainsi des rapports familiers s'étaient établis au début.

Quand la saison des fleurs fut venue et qu'un encadrement de lierres et de cobéas garnit la fenêtre où se tenait habituellement mon ami, la voisine proposa de tendre une corde à travers la rue, afin de relier les deux fenêtres par un même rideau de feuillage.

Frédéric profita de l'occasion, s'introduisit dans la maison, complimenta la jeune femme sur son goût pour les fleurs, et, apercevant un piano dans le coin de la chambre, l'ouvrit et s'y installa sans en demander la permission.

Loin de déplaire, ce sans-façon fut trouvé piquant : ainsi l'art triomphant planta son drapeau dans la rue des Bourdonnais.

La voisine aimait la musique; elle avait reçu, comme beaucoup de jeunes filles, cette singulière éducation qui consiste en éléments d'arts, dont elle ne connaissait que les aridités. Son premier acte de liberté, à sa sortie de pension, avait été de les oublier; mais en entendant un véritable artiste, elle se repentait d'avoir si mal profité de ses premières leçons. Frédéric l'engagea vivement à se remettre au piano et jura qu'il se faisait fort, en quelques mois, de mettre sa voisine en état de se procurer de vives distractions.

Les leçons commencèrent. Le nouveau maître

en faisait tous les frais. A chaque séance, il jouait son répertoire de musique facile et gaie, chantant des mélodies de sa composition, qu'écoutait la jeune femme avec une attention particulière.

Ce sont de bonnes heures que celles dérobées au commerce, qui offre peu de charmes à un esprit délicat.

Thérèse jouissait maintenant de quelques instants de liberté pour prendre ses leçons ; elle recevait Frédéric quelquefois seule, sans que personne y apportât d'obstacles. Frédéric fut bientôt aussi lié avec le mari qu'avec la femme. Il plaisait à tous, et un jaloux seul eût pu s'inquiéter des visites assidues de mon ami.

Frédéric s'implanta dans cette famille, l'animant de sa gaieté, et jetant dans un intérieur bourgeois un peu de ces fantaisies qui charment tant ceux qui de l'art ne goûtent que le miel.

On l'invita souvent à passer la soirée, et quand par hasard il manquait à ces réunions, aussitôt le vide se faisait sentir.

Frédéric, en me contant ces détails, ne tarissait pas en éloges sur ses nouveaux amis, et s'appliquait à enlever de mon esprit les impressions fâcheuses d'un monde que j'avais jugé un peu bourgeois. Comme je n'étais pas dans l'intimité de ces personnes, les apparences me les montraient sous un faux jour, disait-il. En effet, les événements qui suivirent me firent changer d'opinion.

Le frère de Thérèse tomba gravement malade ; la souffrance s'était appesantie sur lui sans caractères prononcés, et deux médecins en étaient réduits à des secours impuissants. Frédéric proposa d'amener un étudiant de ses amis, non pas insouciant comme lui, disait-il, mais proclamé déjà par ses camarades grand praticien futur, de plus, disciple favori d'un des meilleurs médecins de la Faculté.

Le jeune docteur eut la bonne fortune d'affirmer sa science par une amélioration dans l'état du malade, auprès duquel il passa plusieurs nuits, lui prodiguant des soins attentifs, et Frédéric recueillit le plus pur de la reconnaissance de la famille tout entière.

L'événement répondait à ses promesses. Tout ce qu'il dit dès lors passa pour parole d'Évangile, tout ce qu'il fit parut marqué au coin du génie. Il se créa de la sorte dans cet intérieur des amitiés vivaces et durables.

Le convalescent, qu'on avait transporté dans une chambre voisine de l'appartement de Thérèse, se rétablit promptement, grâce aux distractions dont cet endroit était le théâtre. Frédéric quittait à peine la maison, jouant son répertoire pour égayer le frère de Thérèse. Quand il était fatigué du piano, il prenait des crayons et faisait le portrait des amis de la maison.

C'était un garçon ingénieux, divertissant ceux qu'il fréquentait par les nombreuses ressources de sa nature. Vous pensez quel effet produisaient dans la rue des Bourdonnais ses talents réunis de peintre et de musicien, joints surtout à une bonne humeur inaltérable.

Le retour à la santé du frère de Thérèse fut fêté par

un gai repas, dont la place d'honneur fut réservée naturellement à notre ami, l'étudiant Lambert.

Pour la première fois je fus frappé de l'attitude du mari de Thérèse, qui prenait rarement part à la conversation. Il ouvrait de grands yeux fixes et, sous d'épaisses moustaches, laissait voir une bouche dont le dessin sans finesse n'indiquait pas une vive intelligence; n'entravant d'ailleurs aucune des fantaisies de sa femme, il souriait volontiers aux caprices de Frédéric, et montrait qu'il ne demandait pas mieux que d'y prêter son concours, si la nature eût favorisé son caractère de quelques gaies spontanéités.

Avec le père de Thérèse, vieillard d'humeur facile, telle était la société habituelle, à laquelle venaient se joindre quelques amis.

Je fis connaissance avec ce petit monde au dîner destiné à célébrer la convalescence du frère de Thérèse, et je revins de ma première opinion.

Comme je saluais la maîtresse de la maison :

— Appelez-moi Thérèse, dit-elle; vous êtes l'ami de Frédéric, je veux que vous soyez également mon ami.

De la jeune fille, Thérèse avait gardé les priviléges: en elle rien de calculé, tout était imprévu. Elle voulut que chacun l'appelât Thérèse tout court, et il fallut lui obéir. Ainsi elle mettait ses hôtes sur le pied d'une franche camaraderie, et ce qui eût paru singulier partout ailleurs semblait naturel dans son salon.

Le dîner fut d'une cordiale gaieté; on ne voyait que figures souriantes, gens aimant la vie et ne s'attachant pas à de misérables intérêts. Ma mélancolie disparut au milieu d'une telle société, et j'eus peu d'efforts à faire pour me mettre à l'unisson.

Je me sentais renaître, et intérieurement je me disais : Je puis donc encore être heureux.

Le repas fut troublé tout à coup par Thérèse, qui pâlit et se renversa sur sa chaise.

Frédéric, qui était à côté de Thérèse, la conduisit, aidé de son frère, dans la chambre voisine. Le père et le mari ne s'étaient pas levés de table, malgré le trouble produit par cet accident. Je m'en inquiétai, ainsi que Lambert, qui voulut lui porter des soins.

— Laissons-la reposer, dit le père de Thérèse ; la moindre excitation amène cet état.

Le frère de Thérèse revint bientôt avec Frédéric.

— Ma sœur désire rester seule un instant, dit-il ; elle vous prie, messieurs, d'excuser le trouble qu'elle a jeté dans votre réunion.

Le père ajouta que sa fille, d'une extrême délicatesse, pouvait à peine supporter même les joies de la famille, sans qu'aussitôt une attaque, de la nature de celle dont nous avions été témoins, ne vînt déranger sa frêle machine ; de son côté, le mari nous prévint que sa femme, au bout d'un instant, reviendrait, sans qu'il restât aucune trace de cette secousse.

La mère de Thérèse, morte jeune, lui avait communiqué une extrême délicatesse d'organes, sur lesquels agissait le moindre événement.

Une demi-heure après, Thérèse reparut souriante, redoublant d'amabilité pour faire oublier le nuage qui avait passé sur notre réunion; et la soirée se passa gaiement en conversations mêlées de chants, de danse et de musique, dont naturellement Frédéric était l'ordonnateur.

Comme nous nous disposions à partir :

— Ami André, me demanda Thérèse, nous reviendrez-vous maintenant?...

Puis elle ajouta, s'adressant directement à Frédéric :

— Pour vous punir, je ne vous donnerai pas la main ce soir.

Frédéric se troubla.

— En me conduisant à ma chambre, dit Thérèse en présence de tous, *monsieur* Frédéric m'a serré les mains, mais d'une force!...

Frédéric baissait les yeux.

— Mais je ne sais pas garder rancune, dit Thérèse en tendant la main au pianiste, qui à peine osa toucher le bout des doigts de la jolie femme.

Ému du reproche que venait de subir Frédéric, il me semblait que j'étais le coupable. Mes tempes battaient, mes oreilles bourdonnaient, et en sortant je n'osai regarder en face le père ni le mari de Thérèse.

Après quelques pas dans la rue :

— Nous ne pouvons retourner dans cette maison, dis-je à Frédéric, qui, la tête basse, ne répondait pas.

III

A la suite de cet incident, quelques jours se passèrent, pendant lesquels Frédéric se montra à peine ; il partait le matin, rentrait tard, et comme la disposition de l'appartement permettait à chacun de nous de vivre suivant sa fantaisie, je respectai la solitude de mon ami. Cependant, le samedi, Frédéric resta toute la journée à la maison et me parut soucieux.

Je n'osai lui demander des nouvelles de Thérèse, lisant sur la figure de mon ami combien il éprouvait de regrets de son audace. J'attendais des confidences ; Frédéric se tut et sortit dans un état de tristesse qui contrastait avec sa gaieté habituelle.

Peu d'instants après, on frappait à la porte ; j'ouvris.

C'était Thérèse.

— Frédéric ? s'écria-t-elle.

Je pus à peine répondre, troublé par cette visite imprévue.

— Je venais, dit Thérèse, chercher ce méchant garçon que chacun réclame, mais je vous emmène, André. Au moins, vous êtes aimable de vous tenir à la disposition d'une femme qui se donne la peine de vous enlever.

Je cherchais quelque formule banale pour cacher mon émotion, et je disais combien Frédéric serait fâché de ne pouvoir accepter cette invitation.

— Nous le trouverons, dit-elle, il le faut; vous irez à l'heure de son dîner l'enlever à ses parents.

Lorsque nous fûmes dans la rue, Thérèse prit mon bras :

— Votre ami et vous, reprit-elle, n'êtes guère polis... Six grands jours sans venir me rendre une petite visite !

— Madame,... dis-je, n'osant parler de l'incident qui avait terminé la dernière soirée.

Thérèse me regarda en souriant comme si elle lisait dans ma pensée :

— Pour une innocente taquinerie de ma part, j'espère que ni vous ni Frédéric ne songez à vous brouiller avec moi. Ai-je été trop loin, l'aurais-je blessé? Parlez, je suis curieuse; je veux tout savoir.

— Il ne m'a rien dit, madame.

— André, prenez garde de mentir.

— Je vous assure, madame.....

— Mais vous, à la place de votre ami, qu'eussiez-vous pensé?

— J'aurais été tenté de me jeter à la Seine.

— Les hommes sont singuliers! dit Thérèse. Se noyer parce qu'une femme se plaint qu'on lui a pressé la main !

Tout en devisant, nous étions arrivés au pont Neuf. Le ciel était bleu et colorait gaiement la Seine. Le soleil dorait les horizons accidentés de Passy. Toutes choses étaient touchées discrètement par les premiers rayons de printemps : l'eau, les arbres, les toits des maisons, et une joie secrète de voir fuir l'hiver se montrait dans les mouvements des passants alertes.

— Le joli temps, dit Thérèse, et qu'on serait heureux aujourd'hui aux environs de Paris! Quand nous serons réconciliés avec Frédéric, me promettez-vous de chercher pour moi, de concert avec lui, une petite maison de campagne?

Je l'assurai que chacune de ses fantaisies était un ordre.

— Là, nous nous moquerons des ennuyeux et des gens qui restent enfermés dans leurs tristes boîtes parisiennes. Vous pourriez demeurer à la campagne toute la semaine. Le samedi soir nous irions vous retrouver; on se divertirait de son mieux jusqu'au lundi matin.....

Comme Thérèse parlait, je sentis tressaillir son bras.

— Il est à la fenêtre! s'écria-t-elle.

Tout à la conversation de la jolie femme, j'avais oublié Frédéric.

— André, dit-elle, montez chez lui et amenez-le mort ou vif...

Frédéric ne se fit pas prier, quoiqu'il fût en proie à une certaine agitation. De sa fenêtre on plongeait dans l'appartement de Thérèse, et il s'inquiétait de ne pas l'y voir.

— Monsieur nous boudait, dit-elle à son mari en tendant la main à Frédéric. Il faut que j'aille le relancer dans son quartier pour avoir de ses nouvelles... Pour obtenir votre pardon, jouez-nous quelque mélodie avant de dîner. Vous avez dû composer de nombreux morceaux de musique depuis si longtemps qu'on ne vous a vu?

— Je n'ai rien fait, dit Frédéric.

— Ah! dit Thérèse.

Et elle sautillait dans la chambre comme un oiseau, souriant à Frédéric et s'efforçant de lui faire oublier l'impression de la dernière soirée.

Chacun vint au-devant de Frédéric, le père et le frère de Thérèse, tous, la figure cordiale, témoignant que l'indiscrétion de la jolie femme avait été regardée comme une boutade sans conséquence. Surtout le mari de Thérèse, sortant de sa réserve habituelle, donna à Frédéric des marques particulières de cordialité.

Pendant le dîner, la question de la maison de campagne fut accueillie aux acclamations de tous.

Frédéric et moi fûmes chargés de découvrir un nid perdu dans le feuillage, et dès le lendemain nous parcourions les alentours du bois de Boulogne.

IV

Du côté de l'Arc de l'Étoile, le boulevard extérieur conduit à un rond-point auquel aboutissaient, à cette époque, des avenues bordées de maisons sans prétentions ; la civilisation n'avait pas encore semé ses moellons de plâtre sur la verdure des prés, ni converti les champs de blé en restaurants.

C'était alors une véritable campagne à la porte de Paris ; avant que le bois de Boulogne fût converti en parc, à de certains endroits, la semaine, on pouvait encore trouver la solitude.

Nous avisâmes une petite maison à deux étages, composée de quelques chambrettes, et ce fut une grande joie pour Thérèse.

Tout était feuillage dans cette avenue accidentée, où de grands champs, séparés par de vastes prairies, conduisaient au plateau de Passy.

La charmante habitation, et quels souvenirs nous avons laissés à chaque pierre! La maison n'est plus, tout a été transformé. Il ne reste aucune trace de notre bonheur; et c'est pourquoi, quand je veux raviver mes souvenirs, le sombre passage Radziwill, en face duquel vous m'avez rencontré, m'attire.

Pour ne pas fatiguer votre attention, je passe nombre d'incidents qui eurent lieu au début de l'installation de notre petite colonie; je demeurais quelquefois une huitaine en compagnie de Frédéric, sauf les jours où ses affaires l'appelaient à Paris. Nous parcourions le bois, de grand matin; sans rencontrer personne autre que des palefreniers promenant leurs chevaux, ou, au détour d'une allée, une amazone matinale qui se reposait des fêtes de l'hiver sous les vertes fraîcheurs du feuillage.

Le bois n'était fréquenté que le dimanche. C'étaient une grosse joie qui éclatait de chaque taillis, des cris, des poursuites entre jeunes gens et jeunes filles, partout des bourgeois étendus sur l'herbe, partout des groupes affamés autour d'un pâté et de bouteilles, enfin la population endimanchée que vous savez.

Les dimanches, nous nous tenions renfermés dans la maisonnette, et Frédéric était condamné au piano forcé ; il devait nous faire entendre les meilleurs fragments des nouveaux opéras, ses compositions, tout son répertoire de la semaine.

Chacun vivait dans un parfait accord d'idées et de plaisirs. Les parents de Thérèse témoignaient la plus vive affection pour le groupe étranger, composé de Frédéric, de Lambert et de moi, qui s'était soudé, pour ainsi dire, à la famille.

Les excentricités mêmes étaient vues d'un bon œil, et je ne vous fatiguerai pas du récit de nos folies dont le piquant n'existe que dans la spontanéité, et qui plus tard, racontées froidement, font l'effet de masques lamentables rentrant le mercredi des Cendres.

Je m'étonnai toutefois que Frédéric me laissât seul à la campagne, à de certains jours de la semaine : quoiqu'il donnât à Paris quelques leçons, il n'était pas homme à perdre un rayon de soleil, et la moindre éclaircie dans le temps lui faisait sacrifier ses élèves sans remords.

Le rayon de soleil n'était pas dans l'avenue Princesse, mais dans la maison de la rue des Bourdonnais, où Frédéric redoublait d'assiduités auprès de Thérèse.

Dans ma candeur, je n'avais vu qu'agréables relations, franche amitié, là où la passion commençait à poindre.

Sans Frédéric, la solitude me pesait. J'avais besoin de rencontrer quelque figure souriante, et j'allai rendre visite à Thérèse.

— Elle est sortie, me dit son père, mais elle ne tardera pas à rentrer; voulez-vous l'attendre un moment?

Je montai au premier étage et j'attendis.

Tout à coup la porte s'ouvrit précipitamment, et Thérèse parut, pâle, défaite, pleine d'émotion.

— André ! s'écria-t-elle en me prenant les mains et en fondant en larmes, le ciel vous amène… Que je suis malheureuse, et que votre ami est coupable !

Je me taisais, ému du désordre de Thérèse.

— Emmenez-moi, dit-elle, je ne saurais rester ici… Si mon mari rentrait !

— Partons, dis-je, craignant l'état d'exaltation dans lequel se trouvait la jeune femme.

— Non, dit-elle, pas avant d'avoir tout avoué à mon mari.

— A votre mari !… Que s'est-il passé ?

— Ah ! s'écria-t-elle en se tordant les mains.

— Je vous en prie, Thérèse, soyez plus calme.

Des bruits de pas se firent entendre dans l'escalier.

— Je suis perdue, s'écria-t-elle, perdue pour toujours !

Elle était tombée sur un fauteuil, la tête sur la poitrine, affaissée, anéantie. Un tel désordre régnait dans sa personne que les yeux les moins prévenus devaient se fixer immédiatement sur elle. Pour moi, l'inquiétude m'empêchait de réfléchir aux conséquences de cet incident bizarre, si le mari de Thérèse se présentait tout à coup.

— Partons vite, dit-elle en se relevant brusquement

et comme ayant hâte de fuir, vous me trouverez à la place des voitures.

Elle sonna sa femme de chambre et l'avertit, sans oser la regarder, que, se sentant fatiguée, elle allait prendre l'air à l'avenue Princesse, et qu'on ne l'attendit pas à dîner.

— Ne dites pas qu'André m'a rencontrée ici, ajouta-t-elle.

Là-dessus elle sortit, me laissant un peu embarrassé de mon rôle.

Quoique la femme de chambre ne fût pas absolument traitée en servante (elle était fille de la nourrice de Thérèse), il me semblait dangereux de l'associer à ce projet de fuite. Je ne savais comment prendre congé du père de Thérèse, qui m'avait vu monter au salon. Aussi troublé qu'elle, je me rendis à la station de fiacres la plus voisine. J'y trouvai Thérèse, qui commanda au cocher de nous mener à l'avenue du bois de Boulogne. Je m'attendais à des confidences; mais je ne recueillis que des paroles entrecoupées, des larmes et l'expression d'une vive irritation contre Frédéric. De temps en temps Thérèse passait sa main sur sa physionomie fine et souriante, à cette heure marbrée et meurtrie.

Aussitôt arrivée à l'avenue, Thérèse courut à sa chambre, et, sans me parler, s'y renferma dans un extrême état d'exaltation.

La nuit vint. Thérèse voulut aller au bois. Elle prit mon bras, resta d'abord silencieuse, son regard semblant plonger dans les étoiles; puis, sous le coup d'une sorte d'extase nerveuse, son corps se roidit, ses mouvements devinrent brusques et saccadés. Je la soutenais à grand'peine, ne sachant comment, loin de toute habitation, lui porter secours.

Tout à coup elle fondit en larmes et prononça de singulières paroles, qui semblaient avoir trait aux événements de l'après-midi.

Après un court repos, Thérèse me pria de l'excuser de m'avoir inquiété, et nous retournâmes à la maison, où se trouvaient son frère, son mari et Frédéric. Ce n'était pas par inquiétude qu'ils étaient venus. Thérèse les avait habitués depuis longtemps à ses caprices soudains ; mais, comme chacun l'aimait, il arrivait que la petite colonie, dont elle était l'âme, aussitôt après son départ, se mettait en quête d'elle.

Frédéric parut inquiet à notre retour : Thérèse ne lui prodiguait pas ses marques habituelles d'amitié expansive.

Jusqu'alors je n'avais pas pris garde à ces enchaînements de faits, le rôle que je jouais s'étant présenté naturellement.

D'habitude Thérèse prenait le bras de Frédéric, et je restais en compagnie du mari de Thérèse.

Il était presque de l'âge de sa femme et l'avait épousée jeune. Le marchand de draps donna sa fille à un de ses parents qui s'était fait remarquer par certaines aptitudes commerciales. Ce père, qui adorait sa fille, ne se dit pas qu'il unissait la fantaisie à une intelligence médiocre, annihilée en dehors du comptoir. Dès le début de son ménage, l'homme subit la supériorité de Thérèse et la constata avec l'étonnement d'un mouton devant les yeux duquel voltige un capricieux papillon.

Chacun des regards de Thérèse était une parole vive, imprévue, que le mari ne pouvait suivre. Il était lent, difficile à émouvoir, contraint, intimidé par les hôtes que sa femme recevait et par les railleries du frère de Thérèse, qui le prenait souvent pour but de ses plaisanteries. Aussi s'était-il résigné à un rôle de muet.

Frédéric, par son entrain, sa gaieté, l'animation qu'il apportait dans la maison, faisait paraître encore plus terne cet homme sans spontanéité.

V

Quelque temps après, une jeune femme, dont j'avais souvent entendu parler par Thérèse, vint lui rendre visite à la campagne. Le mari était un juif portugais, qui faisait le commerce des pierres précieuses.

Madame Eugenio passait chez ses amies pour une victime; aussi chacun, d'un commun accord, s'escrimait-il à plaisir sur le dos du Portugais. Il avait la réputation d'un jaloux, et Thérèse me recommanda de ne pas me montrer trop prévenant pour madame Eugenio, afin de lui épargner les reproches de son mari.

Je promenai donc la jeune femme, en compagnie de Thérèse et de Frédéric, et je la regardai à peine, trouvant une sorte de corvée dans cette promenade qui m'était imposée; mais, si je prêtai une médiocre attention à madame Eugenio, dans la soirée, j'examinai le mari, qui était en face de moi à table.

Qui dit juif et marchand donne à l'esprit l'idée d'un être désagréable, à doigts crochus. Il n'en était pas ainsi du Portugais; au contraire, une certaine élégance, le soin de sa personne, chassaient toute idée de juiverie.

Un nez en forme de bec d'aigle, des yeux noirs, le teint bistré et une chevelure abondante avaient orné jadis une figure régulière, si des sourcils noirs et touffus, se rejoignant à la racine du nez, n'eussent confirmé la jalousie qu'on y dit attachée.

Le Portugais avait un masque impassible et froid : l'œil, habituellement aux aguets, cherchait toutefois à inspirer le respect par une réserve de commande empruntée aux personnes de condition avec lesquelles il faisait des affaires. L'homme ne me déplut pas absolument, et je me dis que Thérèse l'avait chargé en laid.

Après le dîner, et pendant que nous devisions à la fenêtre, je m'aperçus que, de temps à autre, le juif jetait un coup d'œil dans la chambre voisine, pour surveiller madame Eugenio. Il me parla de la condition des femmes mariées; sa conclusion était que le système oriental, qui les tient enfermées, est encore le meilleur.

Quand les gens sont absolus, les contradictions n'amènent que des discussions inutiles, et, comme on ne réforme pas le caractère d'un homme de cinquante ans, je ne chicanai pas le Portugais sur ses principes.

A quelque temps de cette soirée, Thérèse nous invita au mariage d'une parente qu'elle dotait. Pour donner quelque éclat à cette fête, elle voulait que ses amis s'engageassent à y assister depuis la messe jusqu'à la fin du bal. Elle me nomma chevalier de madame Eugenio, qui avait, disait-elle, de vifs reproches à me faire. Je promis tout ce que Thérèse voulut, et j'attendis avec tranquillité le catalogue de fautes dont je me croyais innocent.

Le jour du mariage, avant d'aller à l'église, je rencontrai dans le salon madame Eugenio, qui immédiatement entra en matière :

— Il est mal à vous, monsieur, me dit-elle, d'encourager mon mari dans ses idées de réclusion des femmes; vous m'avez empêchée de sortir jeudi, et je vous en veux un peu.

Elle dit ceci d'un ton plutôt piquant que piqué, et je convins que j'avais laissé le Portugais exposer de coupables théories, sans les avoir combattues.

— Que mon mari pense de la sorte, reprit madame Eugenio, peu importe; mais il se prévaut de ce que des jeunes gens sont de son avis, et cet assentiment le rend trop tyrannique. Vous êtes donc condamné, monsieur, à me faire oublier mon jour de promenade perdu.

— En qualité de complice de votre mari, dit Thérèse, nous le punirons ce soir au bal.

Les dames me taquinèrent amicalement; mais, n'étant pas effrayé par la perspective de la soirée, je tins bon.

Ce fut à l'église seulement que je *vis* madame Eugenio pour la première fois.

Je m'étais trouvé à diverses reprises à côté d'elle sans prêter d'attention à sa personne; comme la jeune femme s'était plaint de moi en termes délicats, je m'inquiétai d'elle seulement alors.

Madame Eugenio, de race espagnole, avait un teint orangé, une admirable chevelure, les yeux les plus grands que j'aie vus de ma vie, noirs, doux, pleins de timidité, de soumission, de mélancolie, et les paupières formant un cadre d'or bruni à ces beaux yeux.

Je compris alors quels reproches je méritais. Mariée jeune à un homme âgé, madame Eugenio devait fatalement exciter sa jalousie; sa rare beauté poussait à la défiance, et un tel mari devenait trop facilement un Bartholo pour l'aimable femme qui s'était résignée, afin d'obtenir la paix dans son ménage, à écarter prudemment toute coquetterie.

Tour à tour, je regardais les deux amies, placées sur le même rang à l'église. Thérèse était à peu près de la taille de madame Eugenio; mais, quoiqu'elle parût moins animée ce jour-là que d'habitude, Thérèse représentait la Parisienne dans ce qu'elle a d'imprévu, de fantasque et de spirituel. Peut-être la cérémonie qui s'accomplissait lui rappelait-elle les liens qui l'unissaient à son mari. Elle semblait ne pouvoir tenir en place, se levait, s'asseyait, ouvrait son livre de messe, le fermait, et promenait un vague coup d'œil sur tous les assistants.

Pour madame Eugenio, elle faisait naître à l'esprit l'idée d'une femme affaissée sous le despotisme d'un maître; toutefois, si la timidité n'eût légèrement voilé ses grands yeux, il eût été difficile d'en supporter l'éclat.

Ce ne fut pas sans un certain plaisir qu'au dîner je trouvai mon nom à côté de celui de madame Eugenio; je reconnus là la délicatesse habituelle de Thérèse.

Les maris avaient été rejetés loin de nous, à l'extrémité de la table. Je me montrai, pendant le repas, attentif aux moindres désirs de madame Eugenio, quoiqu'elle me priât de ne pas inquiéter son mari, qui, disait-elle, ne nous quittait pas des yeux. En effet, les terribles sourcils du Portugais se fronçaient, et le ton de sa peau semblait plus olivâtre que de coutume.

A la fin du dîner, il fit un signe à sa femme, qui immédiatement abandonna sa place et se dirigea de son côté. Je ne saurais vous dire combien cette soumission me blessa. La pauvre femme, assise à côté de son mari, osait à peine lever les yeux; à l'animation du Portugais, on comprenait qu'il lui adressait de dures admonestations.

— Le vilain jaloux! s'écria Thérèse.

Alors seulement je lui trouvai l'air commun, brutal et *juif*. Sur sa dure physionomie étaient peintes la cupidité, la soif de l'or, le manque de conscience, toutes sortes de mauvais instincts qui me faisaient plaindre celle qui était rivée à sa chaîne.

On se leva de table. Je crus, dans le trouble qui suit une fin de repas, pouvoir rencontrer madame Eugenio ; mais le mari, prenant le bras de sa femme, s'était installé, dans le salon voisin, sur un étroit divan, de telle sorte qu'il était impossible à personne de s'asseoir près d'eux.

Je désespérais de revoir les beaux yeux de madame Eugenio, lorsque Thérèse, qui arrivait joyeuse en compagnie de Frédéric, le quitta subitement, s'empara de mon bras, et, sans me prévenir, m'emmena en face du Portugais.

La figure du juif s'assombrit. Madame Eugenio baissait la tête et ses yeux, s'ouvrant à demi, laissaient voir une résignation pleine de mélancolie.

Thérèse me fit signe de me retirer.

Je gagnai la pièce voisine, où, grâce à une glace qui faisait face à la porte, je vis Thérèse essayant de dérider le Portugais. Elle parlait avec animation, riait pour désarmer sa maussade humeur ; elle y réussissait médiocrement.

— Maudit homme ! pensais-je, car je ne lui avais donné nul motif de malmener sa femme.

Ce fut alors que Thérèse vint me retrouver :

— Vous dansez avec moi, dit-elle.

— Je n'ai pas le cœur à me divertir.

— J'ai décidé que vous ne vous reposeriez pas un moment cette nuit. Nous dansons jusqu'à six heures du matin.

Avec une telle femme il fallait obéir. L'orchestre entamait la ritournelle. Frédéric survint et montra une certaine émotion de me voir donner le bras à Thérèse.

— N'était-il pas convenu, madame, lui dit-il, que nous ouvririons le bal ensemble?

— J'ai changé d'avis et de cavalier, répondit Thérèse en souriant.

Frédéric tressaillit.

— Est-ce que vous deviendriez jaloux aussi? lui demanda-t-elle.

— Vous me ferez vis-à-vis, j'espère? dit Frédéric d'un ton singulièrement bref.

— Impossible, dit Thérèse.

Frédéric changea de couleur et me regarda fixement, les yeux pleins de colère.

— Je vous en prie, madame....., dis-je à Thérèse en prenant sa main pour la mettre dans celle de Frédéric.

— Restez avec nous, être tyrannique, lui dit Thérèse, tout vous sera expliqué.

La charmante créature ne craignait pas de froisser momentanément Frédéric pour me rendre service : sa malice consistait à me mettre en face du Portugais qui, pour mieux garder sa femme, dansait avec elle.

La contredanse donna raison à celui qui a dit que les maris ont toujours tort. Ne vaut-il pas mieux faire vis-à-vis à une jolie femme que de danser avec elle?

Toutefois j'osais à peine témoigner à madame Eugenio l'intérêt qu'elle m'inspirait, car le Portugais épiait dans mes yeux le moindre regard de sa femme. Lui-même sentait le ridicule de son rôle de jaloux :

ses cinquante ans sonnaient tristement sans doute, depuis que devant lui dansaient des jeunes gens. Rien que par son âge, il devenait un ennemi, et, sans qu'il le voulût, chacun de ses actes le faisait paraître plus maussade.

Une figure du quadrille me permit de prendre la main de madame Eugenio, qui, à voix basse, me dit :
« C'est votre faute, monsieur. »

Ne pouvant répondre, par une légère pression de main j'essayai de me justifier.

— Dans le milieu de la soirée, me dit Thérèse, il vous sera permis de faire danser Juliette ; surtout prenez garde de la compromettre ! Son mari témoigne une certaine défiance à votre endroit.

J'en demandai la raison.

— Il s'imagine, dit Thérèse, que vous vous êtes joué de lui, l'autre jour, à la maison de campagne. Vous paraissiez approuver son système de reclusion des femmes, et, pendant le dîner, vous vous êtes occupé exclusivement de Juliette ! Votre conversation, vos sourires n'ont pas paru à son mari ceux d'un être chargé de veiller sur la vertu des femmes.

— Voilà donc ce qui explique ses sourcils froncés ! m'écriai-je.

Je passai une partie de la nuit à faire oublier au juif que je m'occupais de sa femme, invitant toutes les danseuses et faisant à quelques-unes un semblant de cour.

Après deux heures de quadrilles et de valses, j'obtins la faveur de danser avec madame Eugenio, pendant que le Portugais était assis à une table de jeu.

Je ne puis vous exprimer la mélancolique douceur de la jeune femme à exprimer la vie à laquelle la condamnait son mari.

En quelques mots elle me dépeignit les misères de son intérieur, la tyrannie qui pesait sur elle, son manque de liberté.

Ce n'étaient pas des plaintes exagérées que celles de madame Eugenio : elle semblait même vouloir les atténuer; mais ses grands yeux accusaient des souffrances morales qui en disaient plus que la parole.

Quand je la reconduisis à sa place, elle me remercia d'un regard qui alla au plus profond de mon cœur.

— Elle est charmante ! dis-je à Thérèse.

Sans doute trop d'enthousiasme éclatait dans ma voix, car Thérèse me regarda, sourit et me dit :

— Vous ne la connaissez pas encore.

Ainsi se passa cette fête qui devait décider de mon avenir.

VI

Le dimanche suivant, madame Eugenio arriva de bonne heure, l'après-midi, à l'avenue du bois. Elle était seule; son mari ne devait venir la retrouver que plus tard. Thérèse nous emmena tous dans le bois, à un endroit peu fréquenté.

Nous nous assîmes sur le gazon, et je ne crois pas avoir jamais éprouvé de tressaillement semblable à celui que je ressentis quand madame Eugenio prit place près de moi : son cou ambré s'échappait fin et élégant d'une robe noire ; sur ce cou se détachaient quelques boucles capricieuses d'une chevelure aussi noire que ses yeux.

Madame Eugenio me parlait ; je lui répondais à peine. Heureusement Thérèse et son frère, Frédéric et Lambert faisaient assaut de gaieté et me dispensaient de parler.

J'étais ivre de cette ivresse particulière que rêvent les musulmans dans le paradis de Mahomet. Le soleil rayonnait d'un or nouveau, le vent soufflait des aromes délicieux, les oiseaux chantaient un concert angélique.

Il n'y a pas de mots pour rendre une telle sensation. J'aimais!

Je n'osai avouer mon amour ce jour-là ; mais il ressortait de toute ma personne, de mes yeux, des mots les plus indifférents! Est-il besoin de dire à une femme qu'on l'aime?

En revenant du bois, madame Eugenio s'appuyait sur mon bras. Malheureusement, mon bonheur fut rompu tout à coup! Le Portugais, sur le seuil de la porte, attendait impatiemment notre arrivée. Je vous laisse à penser le visage du jaloux en me voyant donner le bras à sa femme qui, émue, courut au-devant de lui.

Thérèse, pour conjurer l'orage, accabla de prévenances le Portugais ; elles se brisaient devant l'irascible figure du juif, qui parla à peine pendant le reste de la soirée.

Cet homme jetait du froid dans notre réunion. Toujours sa figure bilieuse apparaissait au milieu de nos joies, comme celle d'un diplomate battu à un congrès.

Le Portugais était détesté de tous, et le frère de Thérèse le prenait habituellement pour thème de ses railleries, auxquelles s'associait même le mari de Thérèse qui, lui, ne ressemblait en rien à un tyran domestique.

Nous étions devenus les amis de la maison, et toute liberté était laissée aux dames, que nous accompagnions partout sans que personne s'en inquiétât.

Thérèse avait mis la maison sur ce pied, et son mari semblait trop heureux d'être souffert dans des réunions où la mélancolie n'avait aucune part.

Quelques jours après, Thérèse m'avertit qu'elle recevrait le lendemain la visite de madame Eugenio : je n'ai pas besoin de vous dire si je fus exact à l'heure indiquée.

Je passai une partie de l'après-midi seul avec les deux amies, heureux que Thérèse fît les frais de la conversation ; car j'osais à peine regarder à la dérobée les grands yeux de madame Eugenio, qui m'avaient percé le cœur.

Pardonnez-moi si j'y reviens encore. Le velours des paupières était d'un orange si doux que mentalement j'y appliquais mes lèvres ; ensuite je ne demandais qu'à mourir. Je n'ai jamais voulu de portrait d'elle ; il est impossible au pinceau comme à la parole de rendre l'éclat de tels yeux, dont le souvenir me fait encore battre le cœur.

— Je crains de l'aimer, dis-je à Thérèse, quand madame Eugenio fut partie.

— Prenez garde à votre cœur, me répondit-elle.

— Ah ! mon cœur est pris !

— Gardez-vous, mon cher André, de vous laisser entraîner à de telles illusions. Le Portugais peut empêcher Juliette de revenir à la campagne. Elle le craint. Pourquoi vous préparer des chagrins si vous ne deviez plus la revoir ?

— Ne plus la revoir ! m'écriai-je tristement.

— Juliette est attachée à son mari. Lui avez-vous parlé de cette passion subite ?

— Je n'ai pas osé.

— Elle vous trouve bien élevé, mais de là à vous aimer...

— Ainsi je ne lui ai pas déplu ?

Thérèse souriait.

— Que j'ai dû lui paraître froid ! A peine osais-je lui parler, la regarder !

— Peut-être est-il un moyen de la voir chez elle, dit Thérèse.

— Vraiment !

Thérèse songea un instant et ouvrit un meuble avec une joie malicieuse d'enfant.

— Voici un bijou ancien ; vous le porterez au Portugais, sous prétexte de lui faire faire une monture nouvelle. D'habitude madame Eugenio est seule ; si par hasard son mari se trouvait au magasin, profitez-en pour reconquérir ses bonnes grâces.

— J'irai demain ! m'écriai-je en remerciant chaleureusement Thérèse, et je la quittai, ravi et inquiet de cette entrevue. Me rencontrer seul avec madame Eugenio me faisait tressaillir.

La boîte, contenant le bijou que m'avait confié Thérése, était devant mes yeux. Si j'écrivais à madame Eugenio, si je cachais une lettre dans l'écrin! Je passai une partie de la nuit à refaire divers billets où j'essayais de peindre l'état de mon cœur.

Comment je sortirais de cette entreprise, je ne voulus pas y songer, laissant au hasard le soin de me protéger. Mais le lendemain matin, je me promenais aux alentours du passage Radziwill, appelant à moi tout mon courage.

Le Portugais occupait le premier étage de la haute maison noire. En sonnant à la porte, mon cœur bondissait ; dans la main je tenais serrée fiévreusement la boîte qui contenait l'aveu de mon amour. Une servante vint ouvrir. Le juif était absent.

J'entrai résolûment. Madame Eugenio était occupée à mettre en ordre une vitrine; elle leva les yeux sur moi et sourit.

— Quel événement, monsieur, vous amène ici? dit-elle.

Et elle ajouta avec quelque ironie :

— Vous voulez sans doute parler à mon mari? Il est sorti, mais il ne tardera pas à rentrer.

Ces derniers mots me rendirent à moi-même.

— Madame, lui dis-je, je suis chargé par Thérèse de vous remettre... cet écrin contenant un bijou qu'elle voudrait faire monter.

— Voyons, dit-elle, quoique ces affaires ne regardent que mon mari.

Je lui tendis la boîte entourée d'un fil.

— Pardon, madame, dis-je en frémissant, car déjà elle avait rompu le fil, quelqu'un m'attend au dehors...

— Vous partez déjà, monsieur?

De l'antichambre je lui répondis un *oui* étouffé, tant j'avais hâte d'échapper à une si vive émotion. J'étouffais; j'avais soif de respirer, un tremblement nerveux s'était emparé de toute ma personne.

Après avoir fait le tour du Palais-Royal pour me remettre, j'allai chez Thérèse lui rendre compte de ma mission.

— Voici le bijou, dis-je.

Alors je lui contai comment j'avais détourné à mon profit la course dont elle m'avait chargé, et je m'efforçai de lire dans ses yeux le sort qui m'attendait.

— Je ne vous savais pas si entreprenant, dit Thérèse.

— Ai-je mal agi, et croyez-vous que je l'aie blessée? fis-je.

— Juliette trouvera peut-être le procédé un peu vif; mais une jolie femme est rarement fâchée qu'on l'adore. Que contenait le billet?

— Le sais-je? Je l'ai recommencé dix fois sans en être satisfait; j'ai laissé courir ma plume, et je me rappelle à peine les mots dont je me suis servi.

— Nous verrons peut-être Juliette à la campagne dimanche, et, pour votre punition, dit Thérèse, je vous ordonne de m'accompagner.

VII

Le dimanche suivant, madame Eugenio ne vint pas à l'avenue Princesse, et les heures s'écoulèrent tristement jusqu'à la nuit. C'en était fait! Ou je l'avais blessée, ou son mari s'opposait désormais à ses visites à la campagne. J'osai à peine m'en expliquer avec Thérèse, qui, soupçonnant mon inquiétude, essayait en vain de me distraire.

La vue de mes amis me rendait encore plus soucieux. Ils étaient heureux, libres de leurs actions! Vers le soir, je m'esquivai pour me plonger dans la solitude du bois. Toutes mes félicités s'écroulaient en un clin d'œil!

La veille, mon cœur était plein de joies; un instant avait suffi pour les changer en inquiétudes. La société me pesait, l'isolement encore plus. Je revins à la maison à la nuit.

— Elle viendra! s'écria Thérèse en s'élançant vers moi, une lettre à la main.

— A-t-elle écrit?

— Pour m'annoncer que je la verrais demain.

— Ah! m'écriai-je.

J'avais le plus vif désir de connaître si la lettre de madame Eugenio contenait un mot relatif à mon audace de la veille, et pourtant je n'osais le demander à Thérèse.

— Juliette serait venue aujourd'hui, continua-t-elle, si une parente ne l'avait gardée à dîner.

— Elle n'est pas fâchée?

— Lisez son petit mot.

C'était, en effet, un petit mot : quatre lignes entre lesquelles rien de mystérieux n'était caché. Toutefois mes angoisses cessèrent comme par enchantement.

Dans ce billet, peut-être fallait-il voir une sorte d'adoucissement aux peines que je devais me forger. Écrit à la hâte, il ne contenait rien de particulier, car il eût été imprudent de faire porter à la campagne une lettre dont le Portugais pouvait demander compte.

Le lendemain, suivant la recommandation de Thérèse, je me rendis à Paris à l'heure dite. Elle aurait vu son amie et me dirait quel était mon sort.

A peine entré, un nuage voila mes yeux. Madame Eugenio était dans le petit salon.

— Pardonnez-moi si je suis obligée de vous laisser un moment, dit Thérèse.

Délicate situation pour un homme timide que de se trouver en face d'une femme à laquelle il a adressé, quelques jours auparavant, une subite déclaration!

Madame Eugenio, assise près du piano, paraissait aussi émue que moi.

— Ah! monsieur, dit-elle, dans quel embarras vous pouviez me jeter! Si mon mari était rentré tout à coup et qu'il eût ouvert cet écrin dont j'ignorais le contenu, quelles suites fâcheuses en seraient résultées!

J'écoutais, la tête basse.

— Je suis venue, monsieur, pour vous parler franchement, reprit madame Eugenio. Je ne crois pas avoir été coquette avec vous; rien dans ma conduite ne vous autorisait à me faire cette déclaration. Je me suis plainte, il est vrai, des exigences de mon mari, et vous avez cru que j'avais besoin de consolations. Certainement il est triste, à mon âge, de vivre renfermée et d'être surveillée dans ses moindres actes; mais je préfère, croyez-le, le calme intérieur à une liaison sans avenir.

— Sans avenir! m'écriai-je.

— Mon mari, reprit madame Eugenio, a sans doute des défauts; mais sa jalousie est une preuve de l'affection qu'il me porte. Je ne voudrais pas, monsieur, lui causer des chagrins. Si je donnais mon cœur à quelqu'un, je me préparerais une vie d'amertumes... J'ai du plaisir à vous rencontrer; quand, par hasard, nous nous reverrons, je vous donnerai, comme aujourd'hui, la main amicalement.

Elle me tendit une main brûlante; il y avait des larmes dans sa voix.

— Je vous aime, lui dis-je.

— Ne troublons pas notre destinée à plaisir, monsieur. L'affection que vous dites me porter n'a pas eu le temps de prendre racine.

— Ah! vous ne savez pas ce que j'ai souffert hier de votre absence.

— Ne pensez plus à moi... Vous êtes jeune, les distractions ne vous manqueront pas.

— Comme je vous aurais aimée, madame!

— Oubliez-moi, je vous en prie, dit madame Eugenie en se levant.

Elle sortit là-dessus, ne voulant pas laisser paraître son émotion; j'étais aussi ému qu'elle, comprenant maintenant la nécessité d'étouffer mon amour.

Je vous ai rapporté ses paroles ; mais le son de sa voix, voilà ce qui ne saurait être rendu. Le timbre en était si mélancolique et si doux, si pénétrant et si sincère, que je ne pouvais qu'obéir.

Troubler sa vie ! avait-elle dit. J'aimais madame Eugenio ; mais cet amour n'avait fait germer en moi que des félicités, et, si des tortures morales devaient en naître, il me restait encore assez de raison pour arracher cette passion, quoique déjà elle se montrât impérieuse.

Thérèse survint, qui essaya de panser les plaies de mon cœur, quoiqu'elle approuvât la résolution de madame Eugenio : elle me dépeignit la jalousie incessante du Portugais et les tourments qui en résulteraient nécessairement pour son amie.

— Croyez-vous, me dit Thérèse, que je sois heureuse, quoique je paraisse gaie ! Pourtant mon mari me laisse libre ; mais l'avoir sans cesse sous mes yeux, à mes côtés, en présence de Frédéric qui en souffre lui-même, crée une de ces situations équivoques que Juliette a raison de fuir. Avec un peu de courage vous l'oublierez.

— J'essayerai, lui dis-je ; je m'éloignerai.

— Oui, dit-elle, vous avez raison, faites un voyage ; mais ne restez pas longtemps absent, je ne veux pas être privée de mon ami André.

VIII

Les sacrifices sont faciles en paroles. Je pris d'énergiques résolutions. Il ne fallait plus retourner de quelque temps dans le petit salon où chaque meuble, sur lequel s'était appuyée madame Eugenio, me rappelait de trop vifs souvenirs. Je résolus de rester un mois séparé de cette aimable société. Un mois! Le lendemain, j'y passai la soirée.

Cependant, par un effort sur moi-même, je retournai seul à la campagne ; mais une profonde tristesse s'empara de mon esprit. C'est dans de tels abattements qu'on sent le besoin d'épanchement. La solitude me pesait : je revins à Paris sous le coup d'un découragement absolu, lorsqu'un jour je fis la rencontre d'une femme que j'avais connue jadis et qui était dans la même situation que moi.

C'était une douce créature, dont les affections plus d'une fois avaient été brisées. Elle m'écouta, me plaignit, et le long récit de mon martyre fit que, sans y songer, elle m'accompagna jusqu'à l'avenue.

Situation équivoque dont je ne vous parlerais pas, si je ne vous avais promis de tout vous dire. Je cherchais à oublier, auprès de Cécile, les tourments que me faisait éprouver mon amour pour madame Eugenio ; je fermais les yeux, essayant de croire que l'ombre était la réalité.

Le lendemain, nous nous préparions à sortir, quand tout à coup Thérèse entra. J'aurais voulu être englouti sous terre ; c'était une grave inconvenance d'introduire dans cette maison une personne qui ne pouvait se rencontrer avec les hôtes habituels. Thérèse salua, comme si elle avait été son égale, la pauvre créature, qui rougissait et se sentait aussi gênée que moi. D'un regard l'aimable femme comprit notre embarras, et ce fut elle qui s'excusa d'être venue nous troubler à la campagne.

— Vous ne m'en voulez pas? dis-je à Thérèse en la prenant à part.

— Vous aviez besoin d'oublier? répondit-elle.

Pour prouver mon repentir :

— Cécile, dis-je, préparez-vous à retourner à Paris.

Pour adoucir ce qu'un tel renvoi avait de brusque. Thérèse proposa de nous conduire à travers le bois, disant qu'elle serait enchantée, ce fut son mot, de se promener en notre compagnie.

La figure de Cécile s'illumina : ces pauvres filles retrouvent quelquefois des sentiments purs enfouis sous une corruption apparente. Impitoyables avec les égoïstes, elles peuvent redevenir bonnes avec ceux qui savent les comprendre. En ce moment, Cécile se fût jetée dans le feu pour Thérèse. Être accueillie sans mépris par une femme d'une condition supérieure à la sienne remplissait de dévouement le cœur de celle que j'avais amenée à la campagne si imprudemment.

Vous trouvez peut-être singulière la conduite de Thérèse ; pour qui la connaissait, rien n'était plus naturel. Elle se serait compromise pour faire oublier à la pauvre fille le trouble qui s'était emparé d'elle à son arrivée.

Thérèse ne craignait pas le qu'en dira-t-on ; elle ne voulait rien cacher. Comme sa conscience était sereine et son cœur pur, elle eût dit à tout le monde : j'aime Frédéric, si elle n'avait craint de trop faire souffrir son mari. C'était une femme apportant dans la vie une indépendance qui jurait avec les habitudes de la bourgeoisie. Si cette façon de voir et de sentir amena plus tard des drames douloureux, la manière de vivre de Thérèse en faisait une femme voulant le bonheur de chacun et s'efforçant de le provoquer. La société admet difficilement une vie ainsi réglée ; mais les qualités de Thérèse étaient si grandes que j'ai rencontré peu de gens pour la blâmer.

Je ne puis mieux vous donner une idée du charme qui entraînait chacun vers Thérèse qu'en vous disant que le lendemain de sa rencontre avec Cécile, elle reçut un bouquet de fleurs rares. En la quittant, Thérèse lui avait offert une bague, quoique celle-ci s'en défendit ; Cécile, voulant témoigner sa reconnaissance à celle qui l'avait si cordialement accueillie, lui envoya le plus beau bouquet qu'elle put trouver.

Plus honteux de l'indulgence de Thérèse que si elle m'eût accablé de reproches, ce fut une leçon pour moi, et je cherchai dans l'étude à oublier madame Eugenio.

Peut-être aurais-je trouvé le repos si je ne l'avais rencontrée de nouveau dans le petit salon de la rue des Bourdonnais. Ce jour-là madame Eugenio prit un ton piquant à mon arrivée. Elle savait tout. Thérèse lui avait conté sa rencontre à l'avenue, et madame Eugenio m'accabla de sarcasmes, plaisantant de l'amour que je lui avais témoigné et de la rapidité avec laquelle je me consolais.

C'étaient des questions sans nombre sur Cécile. Depuis quelle époque connaissais-je cette personne? Quelle femme était-ce? Enfin, mille curiosités assaisonnées de commentaires railleurs auxquels je ne savais que répondre.

Quand il me fut permis de m'expliquer, je défendis Cécile, disant qu'elle avait toujours été sacrifiée entre deux amours, maintenant placée entre madame Eugenio et moi, jadis entre moi et celle qui m'avait causé de si vifs chagrins.

— Vous avez été amoureux bien souvent? s'écria madame Eugenio.

— Une seule fois avant de vous avoir rencontrée, madame. .

— On n'aime bien qu'au début, dit-elle; votre subite passion pour moi n'aurait pas tenu longtemps.

A cela je répondis que j'ignorais si on aimait plusieurs fois. Lancé dans des liaisons faciles, à la suite de l'abandon d'une ingrate, je n'avais trouvé que vide et désillusions; tout à coup la rencontre de madame Eugenio avait produit un tel effet sur moi, que certainement il dépassait les sensations que j'avais éprouvées jusque-là; si, dans une extrême jeunesse, mon cœur s'était donné trop facilement, je ressentais aujourd'hui les atteintes d'une passion nouvelle, qui me grandissait à mes propres yeux et m'ouvrait des horizons inconnus.

Madame Eugenio m'interrompit par une boutade.

— Monsieur l'amoureux, fit-elle maintenant que nous sommes amis, vous pouvez tout me dire. Vous me conterez vos liaisons avec ces personnes dont la vie est toujours curieuse pour nous autres bourgeoises ; j'espère cependant ne pas rencontrer mademoiselle Cécile à l'avenue.

— Elle est partie, dis-je, et je ne la reverrai jamais.

— Voilà comme les hommes traitent les femmes ! s'écria madame Eugenio.

— Ne m'accusez pas d'ingratitude, madame. Cécile est venue à la campagne sans s'attendre à y prendre pied ; et nous nous sommes quittés sans récriminations ni reproches.

— Pauvre fille ! dit Thérèse, en jetant les yeux sur le bouquet de Cécile, placé sur un meuble.

— Ainsi votre amour pour elle est fané comme ce bouquet ? demanda madame Eugenio, en secouant avec dédain les fleurs.

— Comme vous traitez mon bouquet, Juliette, dit Thérèse !

— Il est affreux, s'écria madame Eugenio.

Sur le moment, je ne pris pas garde à ces rancunes. J'avais résolu de souscrire aux conditions de madame Eugenio, et je m'efforçais de changer mon amour en amitié.

Que pouvais-je demander de plus ?

Je confiai tout à la charmante femme, mon passé, mon présent et mon avenir. Elle avait le sens droit. C'était une de ces rares femmes avec lesquelles on cause comme avec un ami; elle apportait, de plus, le charme de petites taquineries féminines imprévues, et quelle joie que d'en suivre le mouvement dans ces yeux noirs immenses qui illuminaient sa figure! Le meilleur ami, le plus affectueux et le plus dévoué, n'a pas de tels yeux!

Madame Eugenio prêta l'oreille à mes confidences, semblant trouver une certaine jouissance à me voir soulagé des tortures de mon premier amour, pour lequel elle n'eut pas un mot de blâme ni de dédain.

Vous savez si les amoureux aiment à conter leurs peines! L'être qui s'intéresse à une confidence prend une partie du charme de l'objet enlevé à nos affections.

Madame Eugenio n'avait pas besoin d'emprunter ce reflet à une autre. Si elle avait parlé, je l'aurais écoutée religieusement : elle préférait m'entendre, et, fort de son attention, je ne craignais pas de descendre dans les moindres détails.

Quand les souvenirs d'amour furent épuisés, elle me questionna sur mon avenir, et me fit quelques affectueuses observations.

La vie d'étudiant que je menais alors n'obtenait pas son approbation. Sans blâmer Thérèse, madame Eugenio lui reprochait de pousser Frédéric, qui ne voyait dans Paris que la rue des Bourdonnais, à négliger ses études.

Frédéric, suivant elle, plaçait Thérèse trop au-dessus de son art. Je n'étais pas alors de son avis.

— Si Frédéric et Thérèse, disais-je, doivent être un jour brisés par leur commune passion, il faut les plaindre sans les blâmer. Ils se seront aimés ! Quoi de plus beau ! Tant d'êtres n'ont jamais aimé, qui appellent amour une fantaisie ! Qu'y a-t-il de commun dans ces caprices avec l'amour, qui est une flamme dévorante, deux cœurs soudés, deux êtres respirant l'un pour l'autre ? Mieux vaut être brisé à jamais et avoir aimé !

Ces conversations, qui se tenaient en l'absence du Portugais, n'eussent pas été de nature à éteindre sa jalousie. Quand il me rencontrait, il me saluait froidement, et affectait de ne pas m'adresser la parole ; mais nous trouvions une compensation dans les jours de sortie de madame Eugenio, la semaine, et ce n'était pas sans un vif plaisir, mêlé de crainte, que je dînais quelquefois à côté d'elle chez Thérèse, car à tout instant on craignait l'arrivée du Portugais.

Qu'eût-il dit s'il nous avait vus l'un à côté de l'autre à la même table ? Il se défiait de Thérèse : ce n'était pas sans raison.

IX

Un soir, le Portugais arriva tard, heureusement pour nous ; un calme glacial résulta de son apparition. Madame Eugenio s'excusa, en disant qu'elle était venue rendre visite à Thérèse, ayant quelques instants à dépenser ; les sourcils contractés du juif, son regard défiant, sa physionomie, montraient qu'il n'acceptait pas cette excuse.

Je n'osais regarder en face le Portugais, qui restait muet, de même que Frédéric, dont les doigts s'étaient arrêtés sur le clavier du piano.

Seule, Thérèse fit face à l'orage, parlant de mille choses indifférentes ; mais le juif se leva tout à coup et dit à sa femme :

— Partons.

L'incident ne donna que plus de prix à nos réunions ; seulement on convint qu'à l'avenir la femme de chambre irait ouvrir assez tardivement pour que, au moindre coup de sonnette, j'eusse le temps de me réfugier dans la chambre voisine du salon.

Désormais nous pouvions vivre en compagnie, faire de la musique, sans exciter les soupçons du Portugais ; tout le monde était dans le complot, la femme de chambre, le mari et le frère de Thérèse, qui s'étaient offerts à retenir le juif au besoin, pendant que l'un d'eux donnerait l'alarme ; mais il ne se passa rien de nature à redoubler les soupçons du jaloux.

Pendant quelque temps, je pus voir madame Eugenio sans entraves, et un soir j'obtins la faveur de l'accompagner jusqu'à une rue voisine du Palais-Royal.

Combien fus-je heureux l'hiver, pendant lequel la jolie femme me permit de l'accompagner ! Nous étions seuls, enveloppés des brouillards de la Seine. Si j'avais eu un souhait à faire, c'est que ce dur hiver continuât toute l'année.

Les jaloux ont froid. L'hiver écarta absolument le Portugais; son souvenir ne me revenait à l'esprit que lorsque j'étais obligé de laisser madame Eugenio à mi-chemin pour qu'elle arrivât seule au passage Radziwill. Elle avait une crainte extrême d'être rencontrée à mon bras; j'insistais pour la reconduire le plus près possible de sa maison : combat entre la prudence et l'audace qui se livrait deux fois la semaine. Il fallait pourtant obéir, et nous ne nous quittions qu'en nous promettant de nous revoir.

Maintenant, il était rarement question d'amour entre nous; cette restriction n'en offrait que plus de charme. Vous dire mon bonheur quand je prenais le bras de madame Eugenio et que je le tenais étroitement emprisonné pendant la route, est impossible ! Nous parlions peu; intérieurement une conversation muette en disait plus que des protestations passionnées, et j'étais complétement heureux de cette passion, peu tyrannique en apparence, qui se contentait de la vue et de l'amitié d'une femme délicate.

Ces petits bonheurs ne pouvaient toujours me satisfaire. La rencontre de madame Eugenio chez Thérèse, les précautions prises contre le mari, l'autorisation de la reconduire le soir, ne me suffirent bientôt plus. Souffrant de cette amitié dangereuse qui devait servir de contre-poison à l'amour, et qui n'avait fait qu'en activer la flamme, je le dis d'abord timidement à madame Eugenio; j'y revins à diverses reprises.

— Combien vous devenez exigeant, s'écriait madame Eugenio, et que je suis faible!

En effet, j'avais arboré franchement le drapeau de la passion, et sans cesse j'en faisais flotter les brillantes couleurs devant les yeux de la jolie femme, quoiqu'elle s'en défendît.

— Vous ai-je trompé jadis, reprenait-elle, en vous disant combien peu j'étais libre et la difficulté de nous rencontrer?

Il n'était que trop vrai. Quelquefois les nécessités du commerce de son mari retenaient madame Eugenio huit jours loin de moi, et mes inquiétudes ne cessaient qu'après que Thérèse avait envoyé sa femme de chambre chercher de ses nouvelles.

Madame Eugenio répondait par un mot bref et froid en apparence; son mari quittant rarement la maison, elle n'osait tracer avec la plume les marques d'intérêt les plus insignifiantes, dans la crainte que le jaloux n'y jetât les yeux.

Un jour, Thérèse nous annonça, à Frédéric et à moi, que prochainement elle comptait passer quelque temps à Calais. Frédéric devint soucieux et je fus attristé moi-même, pensant que j'allais être éloigné d'une amie si dévouée. Tout à coup Thérèse, se laissant aller à une vive joie:

— Vous viendrez me retrouver!

La figure de Frédéric s'éclaircit.

— Et, reprit Thérèse, je compte que Juliette m'accompagnera.

Comme je paraissais en douter.

— Je ferai donner par mon médecin une consultation à Juliette ; elle se dira souffrante, aura besoin de changer d'air, tout s'arrangera à souhait.

Madame Eugenio, à qui je parlai de ce projet, m'affirma que jamais son mari ne lui permettrait de s'éloigner de la maison.

— Nous ne nous verrons plus ! dis-je.

Elle ne répondit pas.

— Thérèse absente, où pourrai-je vous rencontrer ?

Madame Eugenio baissa la tête.

— Et vous croyez que je pourrai vivre un mois sans vous voir !

— Qu'est-ce qu'un mois ? dit-elle. Je ne vous donne pas quinze jours pour m'oublier.

— Vous ne le pensez pas !

— La plupart des hommes sont ingrats. Vous-même, avec quel sans-façon avez-vous rompu avec cette demoiselle Cécile !

Je répondis que je n'avais fait aucun serment à Cécile ; elle ne comptait pas plus sur moi que moi sur elle. Le nouvel amour qui s'était emparé de moi n'avait rien de commun avec ces liaisons de jeunesse auxquelles un jeune homme se laisse facilement entraîner, ne pouvant faire de comparaison et se plaisant avec la dernière des coquettes parce qu'elle est femme. Plus tard, au contraire, il trouve méprisable cet objet qu'il a aimé avec ses ardentes aspirations de vingt ans, et cherche à placer ses affections plus haut. Ainsi madame Eugenio effaçait pour moi le souvenir des femmes que j'avais connues.

Je vous fais grâce de protestations que les femmes aiment entendre répéter à tout instant, les trouvant toujours nouvelles. Peut-être veulent-elles s'assurer par le contrôle du langage que l'amour ne faiblit pas chez l'homme : à la physionomie, au son de voix, aux paroles, elles apportent une attention de juge d'instruction, et entrevoient une dissonance presque imperceptible, selon que l'amour augmente ou diminue.

X

Malgré les craintes de son amie, Thérèse battit tellement en brèche le Portugais qu'il permit à madame Eugenio de faire un petit voyage à Calais.

Un complot fut tramé afin de dérouter les soupçons. Thérèse partirait seule ; Frédéric et moi devions continuer de venir rendre visite à son mari, qui nous accueillait toujours amicalement.

Aussitôt que madame Eugenio aurait rejoint ses amies, nous partirions à notre tour, et Lambert, que ses études retenaient à Paris, affecterait de se montrer tous les jours, afin de suppléer par la fréquence de ses visites au nombre des absents.

Vous direz que le Portugais ne se montra pas d'une extrême jalousie dans cette circonstance. Madame Eugenio devait rencontrer à Calais une Anglaise, amie de son mari, qui l'avait choisie pour chaperon de sa femme, et il ne s'attendait pas à ce que, cette personne manquant tout à coup de logement, Thérèse partagerait le sien avec sa compagne.

Tout alla comme celle-ci l'avait prévu. Thérèse partit d'abord; quelque temps après, madame Eugenio alla la rejoindre, et nous-mêmes, bientôt, suivions le même chemin. Ce voyage, en compagnie de Frédéric, fut un des plus agréables qui se pût voir. Pensez aux charmantes femmes dont chaque minute nous rapprochait!

A cette époque, la ligne du chemin de fer ne s'étendait pas jusqu'à Calais; nous devions prendre une diligence à quelques lieues de la ville, et nous avions averti les dames de l'heure de notre arrivée.

En descendant de wagon, quel étonnement, quelle joie et quels battements de cœur! Thérèse et madame Eugenio se trouvaient à l'arrivée du train. Elles avaient passé la nuit en voiture pour rapprocher la distance qui nous séparait.

Que madame Eugenio me parut séduisante, enveloppée d'un châle écossais! Je ne peux plus voir aujourd'hui ces châles portés par une autre femme; autant les carreaux bleus et verts me semblaient riants autrefois, autant ils me déchirent le cœur.

Enfin, nous étions libres tous quatre, et notre démarche devait offrir quelque chose de particulièrement heureux, car chacun nous regardait dans les rues. Tout en prenant un léger repas à l'hôtel, pendant que les chevaux se reposaient, j'appris combien de remerciements je devais à madame Eugenio.

Arrivée la veille à Calais, après une nuit de fatigues, elle avait été enlevée par Thérèse, qui s'écriait :

— Il faut leur faire une surprise, partons à leur rencontre !

Madame Eugenio était d'une extrême délicatesse : deux nuits passées en voiture l'avaient abattue ; elle n'en souscrivit pas moins aux fantaisies de son amie. Elles avaient loué à la hâte une petite voiture à quatre places, et ce fut cette voiture qui nous emmena à Calais.

Frédéric et Thérèse se placèrent sur la première banquette, madame Eugenio occupa à côté de moi celle du fond. Cette disposition servit mes vœux.

Frédéric et Thérèse n'avaient rien à nous cacher ; en se voyant ils tombèrent dans les bras l'un de l'autre. Pour moi, j'étais toujours sur le pied de l'amitié.

Combien je bénis la fatigue qui s'empara de madame Eugenio ! Penchée sur mon épaule, elle me permit de garder sa main dans la mienne.

La main d'une femme aimée est un monde dont on ne se lasse pas d'étudier les détails ; posséder une main de femme, n'est-ce pas posséder une partie de son cœur, de son âme, de ses pensées ?

J'étais certainement plus heureux que si madame Eugenio s'était donnée à moi ; le battement de mes tempes, le sang qui affluait à mon cerveau, concouraient à une extase qui est autre que la possession matérielle.

Bientôt le sommeil s'empara de madame Eugenio,

et j'appuyai sa tête doucement sur ma poitrine, veillant sur elle comme sur un enfant. J'avais sous mon regard ces deux beaux yeux fermés, dont les paupières de velours étaient rehaussées par de longs cils noirs.

Jamais je n'avais contemplé de si près cette peau transparente et dorée, et la pensée que j'avais eue quand je vis pour la première fois madame Eugenio, me revint à l'esprit : effleurer de mes lèvres ces belles paupières. Ce fut un long combat; cependant, peu à peu, baissant la tête, je réalisai un rêve de trois mois.

Baiser ses paupières et mourir! disais-je. Je n'en mourus pas, mais un tressaillement singulier, l'envie de crier mon bonheur à haute voix, s'emparèrent de moi!

Madame Eugenio dormait; sa pudeur veillait pendant le sommeil. Elle se recula légèrement en sentant le feu de mes lèvres; peut-être conservait-elle une sorte de perception de ce qui se passait autour d'elle. J'avais réalisé mon plus cher désir; maintenant j'étais heureux, et le reste de la route se passa dans de célestes contemplations.

A Calais, notre emménagement se fit à la hâte; Thérèse avait trouvé un logement assez mystérieux pour nous cacher à tous les regards. Pour plus de précautions, les alentours des messageries nous furent particulièrement interdits; le Portugais avait laissé partir si facilement madame Eugenio qu'elle pressentait quelque embûche.

Les deux amies étaient logées dans un joli appartement meublé, et la femme de chambre, installée au rez-de-chaussée, devait tenir constamment la porte fermée : afin que nos allées et venues ne fournissent pas matière à curiosité aux voisins, la maison qu'avait louée Thérèse faisait l'angle d'une petite rue déserte, avec de grands murs sans fenêtres pour vis-à-vis.

Le premier soin de Frédéric fut de courir au port. Je n'avais jamais vu la mer ; pourtant l'Océan ne m'intéressait pas : terre, ciel, famille, travaux, n'existaient plus.

La pensée de madame Eugenio me tenait lieu de tout ; je ne rêvais que d'elle. Une nuit, Frédéric se leva étonné de mes cris ; pendant mon sommeil, j'appelais madame Eugenio, lui tenant des discours passionnés que le traître raconta le lendemain. On me plaisanta sur ces rêves ; mais une femme est rarement mécontente qu'on s'occupe d'elle, même en rêvant. Madame Eugenio ne répondait rien aux railleries de ses amis, car elle ne m'avait pas permis d'arborer publiquement le pavillon de mon amour. Peu soucieuse de mettre quelqu'un dans les confidences des agitations de son cœur, elle était l'opposée de Thérèse, qu'il fallait empêcher de crier : J'aime, et je suis aimée !

Malgré ces différences de nature, les deux femmes ne s'en aimaient pas moins. J'ai rarement rencontré deux amies si parfaitement unies, toutes les deux belles, jeunes, intelligentes ; mille motifs pour se porter envie. Cette bonne harmonie résultait d'une complète absence de coquetterie.

En voyant les deux jeunes femmes ensemble, personne n'eût songé à mettre celle-ci au-dessus de celle-là.

Il en était de leurs toilettes comme de leurs physionomies. Je ne vous dirai pas comment madame Eugenio s'habillait, non plus que Thérèse. Leur toilette, plutôt harmonieuse qu'élégante, n'attirait pas d'abord les yeux.

Tout ce que je sais, c'est que madame Eugenio était merveilleusement chaussée, et qu'une bottine fine et souple moulait son pied délicat. Les tendres pressions de mains du voyage me furent interdites à Calais, et je ne fis rien pour les recouvrer, estimant que les marques d'amour en public sentent la grossièreté; mais j'entretenais de mystérieuses conversations sous la table avec le pied de madame Eugenio.

Cette réserve me rendit plus amoureux encore, car ne vous figurez pas qu'en retrouvant madame Eugenio maîtresse de ses actions, j'en fusse plus avancé. La charmante femme se tenait sur ses gardes; mais une cordialité qui ne se démentait jamais, l'affection que je lisais dans ses beaux yeux, me montraient quelles racines mes attentions faisaient germer dans son cœur.

Je lui parlais maintenant de mon amour suivant la disposition du moment, quelquefois en enthousiaste, quelquefois avec amertume, et elle rabattait de mon ardeur ou dissipait mes tristesses.

Quand je lui reprochais sa froideur, elle souriait, esquivant une réponse directe. Si je m'emportais contre les femmes qui refusent de se donner à ceux qu'elles aiment :

— Je ne vous ai pas encore dit que je vous aimais, répondait-elle d'un ton railleur.

Déjà huit jours s'étaient passés de la sorte en récriminations de ma part. Madame Eugenio ne devait plus rester à Calais qu'une semaine, et je voyais tristement les jours s'envoler avec rapidité. A quoi avait servi une précieuse liberté?

Mes protestations n'aboutissaient à rien ; sans cesse sur la défensive, madame Eugenio s'arrangeait de telle sorte que Thérèse fût avec elle quand j'arrivais. Ainsi s'envola ma gaieté de l'arrivée, et Frédéric eut plus d'une fois à supporter le poids de ces inquiétudes.

Un matin, plus abattu que de coutume :

— Préviens ces dames, lui dis-je, qu'elles ne me verront pas de la journée ; je me sens abattu et désolé.

Frédéric essaya de me rendre courage.

— Si madame Eugenio, repris-je, te demande de mes nouvelles, dis-lui qu'elle est cause de cet abattement. Je voudrais tomber malade! Sans doute arriverais-je à l'oublier.

Frédéric parti, je me laissai aller à de sombres mélancolies, que le souvenir de madame Eugenio ne parvenait pas à dissiper. Réellement malheureux, étendu sur un divan, l'inaction dans laquelle je me trouvais enfiévrait encore mes pensées.

Tout à coup j'entendis, non sans tressaillement, des pas dans l'escalier. La porte s'ouvrit et madame Eugenio se précipita vers moi ; mais elle était accompagnée de son amie !

Thérèse s'éloigna discrètement du côté de la fenêtre. Madame Eugenio, penchée sur le divan, me prenait les mains et faisait appel à mon affection; n'admettant pas que je lui tinsse rancune, elle se faisait une fête de m'avoir à son bras, l'après-midi, dans une excursion aux environs. Je devais, pour lui plaire, secouer mes soucis.

Thérèse vint à son aide. Toutes deux se montrèrent si entraînantes, que mon chagrin fut dissipé.

Pour la première fois, madame Eugenio m'avait presque avoué son amour. J'éprouvai comme un renouvellement de tout mon être. J'étais aimé ! Elle me permettait d'espérer, et la nature, ce jour-là, semblait se mettre à l'unisson de ma joie.

XI

A la porte, des ânes attendaient les deux amies; Frédéric et moi devions servir de guides, les suivant de loin toutefois, pour ne pas appeler l'attention des gens de la ville. A peine les portes de Calais franchies, ce fut une joie de pousser les ânes en avant, malgré les cris des dames, qui tressautaient sur de mauvaises selles.

A la faveur des petits dangers qu'elles couraient, nous jouissions du privilége de leur imposer nos volontés, feignant de les abandonner tout à coup si elles ne nous laissaient prendre quelques libertés.

Après une heure de marche nous arrivâmes à une petite ferme, enserrée dans de doubles haies touffues, à la manière normande. L'intérieur en était simple et propre, la fermière accorte.

Le paysage des bords de la mer prend un charme particulier; un arbre, une prairie y sont autres qu'ailleurs, surtout ces petits coins normands si verts et si touffus qui, aux environs de l'Océan, gagnent encore en calme et en tranquillité.

Nous passâmes l'après-midi dans un bois voisin, frais et ombragé.

Autant madame Eugenio était réservée d'habitude, autant elle devint gaie, se laissant poursuivre sous le feuillage, et m'accordant, non sans se défendre, un baiser de jeune fille, car en pleine nature elle était redevenue jeune fille, et si elle en avait la vivacité, elle en avait aussi la pudeur.

Madame Eugenio me défiait à la poursuivre, mais dans des endroits séparés à peine de quelques pas de Thérèse.

— Contentez-vous de ces petits bonheurs, semblait-elle me dire de son doux sourire.

Ce ne fut pas sans regret qu'il fallut songer à reprendre le chemin de la ville ; mais les premiers voiles de la nuit me permirent de passer mon bras autour de la taille de la charmante femme. L'âne semblait comprendre que nous voulions revenir lentement, et apportait dans son allure toute la modération désirable.

14.

La nuit venait doucement, les étoiles scintillaient sans nous troubler par une indiscrète lumière. Quelle délicieuse soirée! Il y avait si longtemps que je rêvais de me trouver seul, tout à fait seul avec madame Eugenio! Ce moment de bonheur se représenterait-il jamais?

La nature est belle quand on aime! Il me semblait que je n'avais jamais vu les étoiles, et qu'elles s'intéressaient à mon amour. La nuit, l'air odorant, le silence, tout devenait complice de ma passion. Je comprenais maintenant ces amoureux séparés qui conviennent de regarder le ciel à une certaine heure. N'est-ce pas que l'amour, étant une chose naturelle, pousse l'homme à se réfugier dans le sein de la nature, et qu'alors seulement il la juge seule digne de recevoir ses confidences?

Mille sensations délicieuses s'accumulaient en moi. Je me sentais flotter aussi impalpable que dans un rêve, et une rayonnante griserie m'enveloppait de toutes parts. Mais pourquoi essayer de dépeindre des sensations si délicates qu'elles ne sauraient se ployer sous le joug des mots?

Je fis ainsi la route près de l'animal qui portait madame Eugenio. Les ânes doivent avoir un faible pour les amoureux. La tête penchée, le nôtre s'arrêtait devant chaque gazon; qu'il voulût aller vers un buisson, vers une touffe d'herbes, il était libre. Mon bras entourait madame Eugenio, sa main dans ma main; sa poitrine touchait la mienne. Hélas! les rayons de la lune dessinèrent trop tôt les murailles de la ville.

Nous revenions émus, car il entre toujours un regret dans nos joies les plus vives, et je n'osais rêver à une pareille soirée dans l'avenir. Madame Eugenio ne s'était-elle pas presque donnée à moi? Nous n'avions fait qu'une âme pendant cette route.

Je me couchai le cœur rempli d'ivresse, bien que quelque mélancolie s'y mêlât.

La campagne, la nuit, le silence, la solitude, n'avaient pu triompher des résistances de madame Eugenio. J'accusai l'aimable femme d'une coquetterie contre laquelle toutes mes armes s'émoussaient ; moi-même je me reprochai ma faiblesse. Des circonstances si favorables devaient-elles jamais se représenter?

Le lendemain, résolu à tenter un nouvel effort, j'annonçai aux dames mon départ pour le jour suivant. Thérèse chercha à me retenir ; je tins bon et promis seulement d'assister le soir à une représentation du théâtre.

Ce qu'on jouait, nul de nous ne s'en inquiétait. Un opéra de Donizetti faisait les frais du spectacle; je n'en entendis pas une note, préoccupé de l'attitude de madame Eugenio, qui, placée sur le devant de la loge, ne se retourna pas une seule fois.

Quand le rideau fut baissé à la fin de l'acte, Thérèse me fit signe de sortir.

— N'avez-vous pas remarqué que Juliette pleurait? me dit-elle.

Ainsi la froideur dont j'accusais la pauvre femme était démentie par ses larmes.

Nous nous dirigeâmes vers la jetée, Frédéric donnant le bras à Thérèse, celui de madame Eugenio posé sur le mien. Nos cœurs s'entendaient, et nous osions à peine parler, tant l'émotion qui bouillonnait en nous tendait à éclater au premier mot.

Le vent soufflait, la nuit était noire, la mer battait avec rage les piles du phare. Il semblait imprudent de s'aventurer sur la jetée par ce gros temps; mais la nature était à l'unisson de mes sentiments, et à cette heure je souhaitais mourir dans les bras de madame Eugenio !

La tempête la forçait à s'appuyer contre moi, et je la tenais serrée en marchant, pour que ses vêtements offrissent moins de prise au vent.

Les grandes voix de la mer parlaient pour nous. Les vagues qui se brisaient contre la jetée n'offraient-elles pas de l'analogie avec mon amour, sans cesse repoussé? Je le dis à madame Eugenio, lui demandant si le spectacle de la nature déchaînée ne trouvait pas un écho dans son cœur.

Au bout de la jetée, un banc de pierre nous offrit un asile.

— Ainsi, vous partez? s'écria-t-elle d'une voix pleine de sanglots.

— Vous l'avez voulu, lui dis-je.

Sans répondre, car elle combattait encore, elle me prit la main, et mon ressentiment se changea en plaintes.

— Nous pouvions être si heureux! repris-je.

En ce moment, une vague nous couvrit de son écume. Madame Eugenio se leva brusquement.

— Je ne vois plus Thérèse, dit-elle.

— Qu'importe! m'écriai-je, en courant à elle et en la serrant dans mes bras. Ah! je suis jaloux de Thérèse; elle me prend la moitié de mon bonheur. Il faut que sans cesse son souvenir vous traverse l'esprit; mais ne me suffisez-vous pas seule? Je ne vis que pour vous; toute voix qui vous parlerait maintenant me semblerait aigre. C'est votre voix seule que je veux entendre... Vous ne savez pas combien je vous aime!...

— Pourquoi partir, mon ami?

— A cause de ce titre, je ne veux pas être votre ami; je souffre de cette amitié... Elle ne me suffit plus; si vous pouvez la supporter, je vous plains. Une femme donne son cœur ou le ferme; vous m'en ouvrez la moitié, croyez-vous que cela puisse me suffire? Je partirai le cœur brisé, mais je ne veux plus souffrir davantage.

— Restez, André! s'écria-t-elle.

— Enfin, vous voilà! s'écria Thérèse.

Je dus pousser un rugissement, irrité de cette malencontreuse rencontre.

— Nous craignions, dit Frédéric, qu'un accident ne vous fût arrivé.

— Laissons-les, dis-je à madame Eugenio, en l'entraînant vers le port.

Je n'avais pas assez d'imprécations intérieures contre Thérèse, qui avait coupé si brusquement l'aveu de l'amour de madame Eugenio. Le charme était rompu.

— Maladroite! pensais-je, oubliant les preuves

d'affection que Thérèse me donnait depuis si longtemps.

Les occasions ne se montraient propices que pour s'enfuir ; plus je faisais de progrès dans le cœur de madame Eugenio, plus je semblais m'éloigner d'elle.

XII

Bientôt arriva une fâcheuse nouvelle. Le frère de Thérèse lui écrivit que le Portugais arriverait à Calais le dimanche matin, et qu'il repartirait le même soir. Thérèse vint aussitôt nous en donner avis.

— Pauvre ami ! me dit-elle.

Profondément je la regardai, l'interrogeant du regard.

— Je crains, dit-elle, que Juliette ne reparte avec son mari.

— J'aurais dû m'éloigner le premier, m'écriai-je ; au moins, elle eût été blessée de mon courage. Je la hais maintenant.

Je disais vrai, souffrant mille tortures.

— Pourquoi vous désespérer, André ? C'est à vous qu'il appartient de la faire rester.

— A moi ?

— Elle vous aime, et me l'a avoué.

— Oui, un amour violent ! dis-je d'un ton amer.

— N'avez-vous pas été témoin de son chagrin, à l'idée de votre départ ?

— Les femmes pleurent à volonté.

— Vous êtes injuste, dit Thérèse compatissant à mes souffrances; il faut que vous la décidiez à rester.

— Si son mari veut l'emmener, qu'y puis-je?

— En insistant près de lui, je tâcherai de garder Juliette; mais, de votre côté, employez toute votre influence.

— Que faut-il dire pour convaincre madame Eugenio? Elle connaît mes sentiments.

— Vous êtes aigri, mon ami, dit Thérèse, et vous parlez avec amertume. Ignorez-vous que les femmes se plaisent à entendre répéter toujours et sans cesse les mêmes protestations?

— Je l'aime! Et je lui ai dit que je l'aimais!

— Juliette le sait et a de l'affection pour vous, croyez-le; mais jugez de notre embarras si ce vilain jaloux était arrivé tout à coup sans que nous en fussions prévenues par la lettre de mon frère!

La surveillance qui s'exerçait, à Paris, autour du Portugais n'était pas vaine. Le mari de Thérèse avait ordre de le voir tous les jours, sous le prétexte d'ajouter de ses nouvelles aux lettres qu'il écrivait à Thérèse; il devait étudier avec soin les allures du juif, l'aspect de son appartement, pour épier s'il ne se préparait pas à quelque voyage subit.

Pour plus de sûreté, une surveillance active était exercée, en outre, par Lambert, qui, chaque jour, nous adressait un rapport, en se rappelant au souvenir de ses amis. Vous voyez que les précautions avaient été prises par une femme d'esprit.

La veille du jour de l'arrivée du Portugais, nous procédâmes à une perquisition dans l'appartement des deux amies. Elles eussent volontiers tendu de noir les chambres, pour que le Portugais trouvât un air de deuil à cet appartement témoin de tant de joies.

Un conseil fut tenu pour décider du sort de Frédéric et du mien. Nous fûmes condamnés à garder, dès le lendemain, les arrêts forcés. Sous aucun prétexte, nous ne devions nous soustraire à cette réclusion.

Il fallut en passer par ces exigences, Thérèse promettant de nous donner toutes les heures un bulletin des événements à l'arrivée du Portugais. Pour nous préparer à supporter les ennuis de cette captivité, il fut convenu que le soir nous irions à la fête patronale des Tinternelles, qui se tient sous les arbres, à la porte de la ville.

Cette dernière disposition me fit un peu oublier mes tristesses. Le lendemain, mon sort devait se décider. Si le Portugais emmenait madame Eugenio, je ne la reverrais plus, coupable de la faiblesse que j'aurais montrée pendant mon séjour à Calais. Celle que je n'avais pas su convaincre de mon amour me tiendrait en pitié, et ce sentiment chez les femmes est de ceux dont on reste accablé à jamais.

Obtenir d'elle qu'elle restât demandait une éloquence qui me faisait défaut, tant j'étais abattu ; le déjeuner, toutefois, fut suivi de quelque gaieté quand les dames procédèrent à une dernière perquisition de leurs appartements, entremêlant leurs recherches de railleries pour le mari de madame Eugenio, qui comptait surprendre son monde, et trouverait chacun sur la défensive.

J'essayai de faire bonne mine, mais le cœur serré, quand arriva le moment du départ pour la fête des Tinternelles, je me dis tristement : Quelques heures encore, et je ne la reverrai plus !

La foule était considérable sur la promenade ; dans ces fêtes, où domine la joie bruyante, le cœur se sent plus navré qu'ailleurs.

Un orage survint brusquement, qui chassa la foule sous les arbres. Le vent soufflait comme il souffle dans un port de mer ; de larges gouttes d'eau tombaient lentement, qui présageaient quelque énorme tempête. Thérèse avait disparu, emportant l'ombrelle de madame Eugenio ; il paraissait impossible de se garer de l'orage, le dessous des arbres regorgeant de gens entassés.

— Nous avons à peine le temps de retourner à la maison, me dit madame Eugenio.

Sans chercher plus longtemps nos compagnons, nous nous hâtâmes de revenir.

En entrant, madame Eugenio dénoua les cordons de son chapeau, pour essuyer les boucles de ses cheveux mouillés par la pluie ; quoiqu'elle s'en défendît, je séchai cette pluie avec mes baisers.

Madame Eugenio essaya de me repousser ; alors, tenant ses mains étroitement serrées dans les miennes, et mes tristesses venant à déborder, je lui dis tous les soucis dont m'accablait l'arrivée de son mari.

15

L'accusant de coquetterie, je lui montrai les tristes conséquences d'un pareil jeu, mon cœur ulcéré, les tortures qu'avait fait naître l'aveu de son amour, l'anéantissement dans lequel son départ allait me laisser.

Elle sanglota quand je lui reprochai de se jouer de moi. Je recueillis avec délices les larmes qui coulaient de ses beaux yeux, et bientôt, après mille protestations, je fus convaincu que la charmante femme m'aimait réellement.

Cependant, tout à coup, madame Eugenio me repoussa comme si je lui faisais horreur. Je lui parlai : elle ne me répondait pas, se voilant la figure avec les mains. Je me jetai à ses pieds, invoquant les serments les plus tendres. Rien ne la touchait. J'essayai d'enlever ses mains qui masquaient ses yeux ; elle me fit signe de m'éloigner avec un geste si plein de résolution que j'ouvris lentement la porte, espérant qu'elle me rappellerait. Encore une fois, je revins à elle; et elle me repoussa de telle sorte que je sortis troublé.

N'ayant d'yeux que pour les fenêtres éclairées, dont les rideaux avaient protégé mon bonheur, je songeais.

— Que faites-vous ici par l'orage, André ? me demanda Thérèse, qui revenait en compagnie de Frédéric.

Savais-je qu'il pleuvait ! A cette heure, tous les éléments pouvaient se déchaîner sur ma tête sans m'émouvoir. La présence de Thérèse me rendit quelque sang-froid, et je remontai avec elle.

— Ah ! cette ombrelle ! s'écria madame Eugenio,

en la prenant des mains de Thérèse avec une brusquerie singulière. On eût dit que madame Eugenio voulait briser l'ombrelle, et le fait était singulier de la part d'une femme d'un caractère si égal.

Moi seul comprenais cette bizarrerie, et, malgré les questions que m'adressait Thérèse du regard, je feignais de croire que l'orage seul avait changé tout à coup l'humeur de la charmante femme.

Sans la tempête, elle ne serait pas revenue seule avec moi. Il avait fallu le hasard pour m'aider à triompher des résistances de madame Eugenio.

XIII

Le cœur plein d'ivresse, j'eus la force de ne pas confier mon secret à Frédéric, quoique l'indiscrétion des amants heureux soit naturelle. Le bonheur confié à un ami paraît double. Raconter l'enchaînement des circonstances qui ont amené la possession d'un cœur met en lumière mille détails, que la pensée solitaire et le repliement sur soi-même laissent souvent inaperçus. Notre bonheur commun était lié si intimement, et j'avais reçu tant de confidences de Frédéric que je lui devais cet aveu. Pourtant je me tus.

J'avais remarqué dans les paroles de madame Eugenio une discrétion absolue, même vis-à-vis de Thérèse, dont elle blâmait l'expansion. Aussi, pour l'imiter, affectais-je le regret de ne pas faire plus de progrès dans son affection.

Si la nuit se passa moins agitée que les précédentes, il n'en fut pas de même de la journée. Être séparé pendant vingt-quatre heures de celle dont l'amour est encore un sujet de doute! Ce fut une journée pénible, car j'ignorais ce qui résulterait de l'arrivée du Portugais et quel but l'amenait tout à coup.

— Il venait pour affaires, disait Thérèse.

Affaire est un mot vague qui contient jalousie, soupçons; et le juif, naturellement défiant, était dans son droit aujourd'hui. Ne s'inquiéterait-il pas du trouble de madame Eugenio, quoique Thérèse ne l'eût pas remarqué la veille? Et que me présageait ce singulier trouble?

Depuis quelques jours, madame Eugenio semblait vouloir me préparer à l'idée de son départ, que rendaient encore plus vraisemblable les événements de la veille.

Plus j'analysais sa conduite, moins je trouvais de fondement à mon bonheur futur. Elle m'avait repoussé pour avoir profité d'un instant de faiblesse; ses gestes, sa figure voilée par ses mains, son embarras, son mutisme, témoignaient d'une vive irritation contre moi. Si j'avais été libre de la voir, je serais resté à ses pieds jusqu'à ce qu'elle m'eût pardonné; maintenant cette consolation m'était refusée!

Par moments, de légères bouffées d'espérance traversaient ces cruelles incertitudes. Quelque motif avait pu retenir le juif à Paris! Je ne souhaitais pas sa mort, mais si un accident l'avait arrêté en chemin, quel cri de joie j'aurais poussé!

Thérèse vint mystérieusement le matin. Le Portugais était arrivé.

— Il repose, dit-elle.

Ce mot me fit mal, et ma figure dut subir quelque contraction, car Thérèse ajouta aussitôt :

— Depuis l'arrivée de son mari, Juliette est occupée à ouvrir ses caisses.

— Ses caisses! m'écriai-je.

— Ne craignez rien, André; le Portugais ne s'installe pas à Calais. Il a rendez-vous avec des négociants anglais; certainement il repartira ce soir.

J'osai à peine parler de madame Eugenio.

— J'espère, dit Thérèse, qu'il nous laissera Juliette. Il n'a pas fait de questions sur son séjour ici.

J'étais impatient de savoir si madame Eugenio s'était confiée à Thérèse; sur ce point, je n'en pus rien tirer.

— Dites-lui combien je l'aime, et combien je souffre d'être privé de la voir.

Thérèse devait entendre, à l'accent de ma voix, combien mes paroles étaient sincères.

— Surtout ne sortez pas, nous recommanda-t-elle de nouveau ; dans la journée, je m'échapperai et viendrai vous apporter des nouvelles.

L'après-midi n'amena rien de particulier; madame Eugenio était allée en compagnie de son mari à la rencontre des marchands anglais. Quant au départ, il devait se décider au dernier moment, suivant l'humeur du Portugais. Madame Eugenio s'était tue absolument à ce sujet, et Thérèse osait à peine me donner des espérances qui, brisées tout à coup, m'eussent fait plus souffrir qu'un arrêt rigoureux.

Thérèse resta quelque temps avec nous pour essayer de faire oublier par sa présence les ennuis de la captivité; cependant elle devait nous quitter, et elle nous prévint qu'elle ne pourrait nous revoir que le soir, après le départ de la diligence pour Paris.

Avec elle s'envola le peu qui me restait d'espoir. Dans toutes ses paroles régnait le doute, et je me dis que Thérèse était venue me préparer au départ de madame Eugenio.

Quelle après-midi je passai ! Je ne parlai pas à Frédéric, qui dévorait le temps en lisant. J'étais irrité de le trouver si calme. En ce moment, j'aurais voulu être seul, gémir, crier mon mal.

Un témoin me gênait. Mon chagrin ne pouvait s'exhaler en liberté !

Mille sentiments contraires luttaient en moi, que je refoulais violemment. Mes mains se crispaient autour de mon front, et je ne pouvais me plaindre ! Souffrir en liberté n'est rien à côté de la souffrance contenue.

La nuit vint qui amena un redoublement d'anxiété. Que faisait à cette heure madame Eugenio? Si elle partait, c'est qu'elle ne m'aimait pas; si elle ne m'aimait pas assez pour rester à Calais, je ne la reverrais plus à Paris ! Ma pensée cherchait à traverser l'espace, les rues, les murs qui nous séparaient.

— Frédéric, je souffre ! m'écriai-je tout à coup.

Frédéric me regarda avec compassion.

— Je veux sortir.

— Nous avons juré de rester ici jusqu'à l'arrivée de Thérèse, me dit-il.

— Qu'importe les serments ! J'aime !

— Si le Portugais te rencontrait ?

— Je veux la revoir avant son départ, entends-tu ; il faut que je la revoie !

Sans attendre la réponse de Frédéric, je m'enfuis, comptant sur la nuit pour me cacher à tous les yeux.

La rue où demeurait Thérèse débouche sur une sorte de petite place, éclairée par un réverbère pendu à une grosse poutre. Je me glissai derrière la poutre ; de là je pus étudier les fenêtres de l'appartement de Thérèse, à l'intérieur duquel régnait un certain mouvement.

Les lumières allaient et venaient ; des ombres confuses glissaient sur les rideaux. L'heure fatale approchait ! En face de ce mouvement, mon cœur se resserrait encore. Le départ d'une seule personne n'eût pas amené tant d'agitation !

Des vagues pleines de tempête me montaient au cerveau et me commandaient de me montrer au moment du départ. Madame Eugenio m'appartenait ! Elle avait protesté souvent de son attachement pour moi. Si elle s'en allait tout à coup avec son mari, c'était donner le démenti le plus cruel à ses protestations.

Par instants je me disais qu'elle voulait m'éprouver, qu'elle ne partirait pas ; mais les raisons en faveur de madame Eugenio étaient étouffées par l'incertitude, la jalousie, l'indignation, qui, toutes, combattaient contre elle.

Neuf heures sonnèrent à l'horloge de la ville; je poussai le soupir désespéré d'un homme qui entend sa condamnation à mort. Les lumières s'éteignirent. Bientôt parurent dans la rue Thérèse, le Portugais et madame Eugenio..

Je dus pousser un cri de fureur.

Elle portait le châle de voyage que j'avais trouvé si charmant, et qu'à cette heure j'avais peine à ne pas lui arracher des épaules. Ce châle, il semblait qu'il avait été tissé pour moi, que la disposition des couleurs devait ravir mes yeux seuls, et que ceux du juif n'y avaient aucun droit.

Je suivis le groupe de loin, entrant dans les angles des murs, me réfugiant sous chaque porte comme un voleur poursuivi. Ma tête brûlait, je n'avais plus conscience de mes actions !

Ce qui allait se passer dans la cour des Messageries, je l'ignorais ! Tout dépendait de la vivacité de mes souffrances, qui ne me laissaient pas la liberté de penser.

Au dernier moment, je fus pris de pitié pour la pauvre femme dont la douce physionomie se représenta à mes yeux, et je me dis que je devais dévorer mon chagrin en silence.

La cour des Messageries était tellement éclairée que je ne pouvais y entrer sans compromettre madame Eugenio; je restai caché aux environs, attendant Thérèse pour lui demander des consolations.

Bientôt claqua le fouet du postillon, auquel répondirent les hennissements des chevaux. J'essayai de jeter un regard dans la lourde voiture qui emportait mon bonheur : les portières baissées m'empêchaient de voir.

Presque au même instant sortait de la cour des Messageries madame Eugenio.

Elle n'était pas partie !

Je courus à elle.

— C'est mal ! s'écria-t-elle.

Mais le son de sa voix démentait ses paroles. Sans écouter Thérèse qui me parlait, je pris le bras de Juliette :

— Que je vous aime ! dis-je.

— Si on vous avait aperçu !

— Si vous étiez partie, j'aurais été vous en demander raison, devant lui, à Paris !...

— Vous me faites peur.

— J'ai tant souffert.

Madame Eugenio ne se lassait pas de m'entendre parler, et toutes les fâcheuses pensées accumulées en moi s'envolaient.

Pendant plusieurs jours, ce furent des protestations, des serments non interrompus ; mais bientôt il fallut retourner à Paris.

XIV

Depuis que nous nous entendions, madame Eugenio me recommandait plus que jamais de garder le secret de notre amour, et je lui obéis malgré les railleries de Frédéric, qui m'accusait de n'avoir pas su profiter de notre séjour à Calais; je trouvais même une certaine jouissance à être plaint par Thérèse.

La femme qui a faibli ne supporte pas facilement l'idée de résistance chez ses amies. Quoiqu'elle fût dévouée et excellente, Thérèse était jalouse peut-être de ce fantôme du Devoir représenté en apparence par madame Eugenio; aussi ses doléances à mon endroit et ses récriminations à l'égard de son amie rendaient-elles nos rencontres plus piquantes.

Cette comédie était suivie d'anxiétés, car il fallait éviter d'être rencontrés par le Portugais.

Combien de fois, posté sous une porte, dans les environs du Palais-Royal, ai-je attendu madame Eugenio tremblante, craignant d'être suivie, n'entrant dans un fiacre qu'après mille regards jetés en arrière! C'était le drame; mais quand nous arrivions dans le logement que j'occupais avec Frédéric, le plaisir de nous jouer d'un ami nous faisait oublier ces émotions.

Ce n'est pas qu'à cette heure madame Eugenio tînt absolument à son secret; mais elle voulait que le hasard seul dénouât notre mystère, et je respectai sa volonté.

Un jour, elle se donna le plaisir de nous rendre visite en compagnie de Thérèse, et je dus affecter l'embarras d'un soupirant ému par une telle surprise. Les deux amies s'étaient entendues pour voir l'appartement d'étudiant que nous devions quitter; car, de concert avec madame Eugenio, qui craignait d'être rencontrée dans le faubourg Saint-Germain, où elle n'avait que faire, je décidai Frédéric à quitter son cher quartier Latin.

Nous avions donc loué un appartement à proximité du Palais-Royal et de la rue des Bourdonnais. En un clin d'œil Thérèse pouvait s'échapper de chez elle, et madame Eugenio n'avait plus besoin de prendre de voiture, dangereuse en cas de surprise.

Je choisis un appartement dans une maison à deux issues, l'une donnant près la pointe Saint-Eustache, l'autre sur une noire impasse. Garanties nécessaires contre un ennemi qui paraissait menaçant : la femme de chambre de Thérèse prétendait avoir surpris un soir, dans l'escalier, le Portugais épiant ceux qui montaient et descendaient.

Pour couper court aux soupçons de son mari, madame Eugenio ne reparut pas d'une quinzaine, et je ressentis vivement cette absence. De courts billets insignifiants, adressés à Thérèse, ne me satisfaisaient pas. La jalousie s'empara de moi : je craignais un abandon subit; je doutais de l'affection de madame Eugenio. Ce furent quinze jours d'angoisses et de sourdes récriminations, car je ne pouvais me confier à Frédéric.

Ce fut ce qui hâta le départ du faubourg Saint-

Germain; mais la nouvelle disposition du logement nous força d'avouer notre amour, si bien caché jusque-là. Aussi bien il était impossible de cacher plus longtemps à Frédéric notre liaison. Madame Eugenio consentit à cet aveu; certaine de mon affection, elle ne craignait plus maintenant d'avouer ses secrets sentiments.

Ce fut pendant trois mois un bonheur sans nuages.

Parfois, Thérèse venait nous surprendre le soir. Trouver un appartement d'étudiant en plein quartier commercial était pour elle le plus piquant de tous les plaisirs défendus. Nous étions libres à la rue des Bourdonnais; mais combien préférait-elle notre *chez nous!*

Tout contribuait à me rendre chère madame Eugenio, la contrainte exercée par un mari défiant, qui la retenait quelquefois aux jours de sortie, l'irrégularité de ses heures d'arrivée.

J'entends toujours la sonnette agitée doucement, à de certaines heures, par une main discrète qui tirait de cette sonnette un tintement particulier.

Dans quelles extases me jetait cette visite! Nous tombions dans les bras l'un de l'autre; je la serrais contre moi comme si elle avait échappé à un grave danger. Aux regards jetés en arrière par madame Eugenio, je craignais qu'elle n'eût été suivie; émue, elle ne retrouvait un peu de calme qu'après son arrivée.

Quelqu'un venait-il à sonner, de nouvelles transes renaissaient. Était-ce le mari? Le retrouverions-nous blotti dans quelque endroit en sortant?

Un Portugais jaloux présente à l'esprit l'idée de

vengeances sanglantes. Je craignais sans cesse pour madame Eugenio : quelle sinistre conclusion pour elle d'être surprise chez moi !

Autant la sonnette était argentine quand sa main l'agitait, autant le son paraissait brutal et terrifiant quand nous étions ensemble. Alors, immobile et anxieux, j'épiais chaque pas du fâcheux qui troublait notre bonheur.

Il fallait préparer le départ de madame Eugenio. Comme l'escalier offrait de sombres recoins à chaque étage, je descendais seul, m'assurant que la sortie était libre, et nous nous séparions heureux d'avoir échappé encore une fois aux dangers qui nous menaçaient.

Ces contraintes rendaient notre attachement plus sérieux, et je plaignais quelquefois Frédéric de la liberté qui le mettait trop souvent en face de celui qu'il trompait.

Je préférais ma situation : au moins je ne voyais pas le Portugais. Pourtant il me haïssait, et il s'en vengea cruellement.

Thérèse donna un jour à dîner à ses amis. Madame Eugenio fut invitée avec son mari. Naturellement, le Portugais avait été relégué loin de sa femme, moi au contraire placé à ses côtés.

Madame Eugenio prétendait que la jalousie de son mari allait s'affaiblissant, et je ne demandais pas mieux que de le croire ; mais le juif affecta de ne pas se mêler à la conversation, et je m'aperçus combien il me gardait rancune, quoi que fît madame Eugenio pendant le repas pour prendre un air indifférent à mon endroit. Gêné autant que le mari, je ne voulais pas le braver, sentant l'inutilité de réveiller sa jalousie.

Après le dîner on se rendit au salon. La physionomie du Portugais était si contrainte que madame Eugenio lui demanda s'il était souffrant. Malgré ces prévenances, les traits du juif ne se détendaient pas.

Il s'assit dans un fauteuil, affectant un air indifférent; madame Eugenio ne s'y trompait pas. Elle lui parlait, il répondait sèchement et regardait la pendule comme un homme qui brûle de sortir d'une maison où il est retenu par la politesse. Thérèse essaya de l'égayer; le juif la reçut froidement, et elle comprit qu'elle envenimait la mauvaise humeur du jaloux sans pouvoir venir au secours de son amie.

A un certain moment, madame Eugenio s'appuya sur un des bras du fauteuil et se trouva si près du Portugais que mon cœur en fut déchiré.

C'était à mon tour de passer par les tortures que j'avais peut-être fait subir au juif. Alors, moi aussi, je connus la jalousie et ses lames aiguës.

La misérable (intérieurement je la traitais ainsi) donnait en ma présence des marques publiques de tendresse à mon plus cruel ennemi. Elle lui parlait à voix basse, et la figure du juif perdait de sa contrainte; il me semblait qu'elle lui faisait des protestations.

Dans un coin, les mains crispées, le cœur plus crispé que les mains, les dents serrées, je me demandais s'il ne fallait pas m'avancer et troubler ces deux époux qui semblaient ne faire qu'un en ce moment.

— Comment trouvez-vous le morceau que joue Frédéric? me demanda Thérèse.

— Affreux ! m'écriai-je.

L'idée me vint de faire souffrir madame Eugenio à son tour.

J'allai m'asseoir près d'une amie de Thérèse qui assistait quelquefois à nos réunions, et je lui fis de telles avances que la jeune femme, qui n'y était pas habituée de ma part, les reçut avec des marques non équivoques de satisfaction. Elle avait de beaux cheveux blonds, dont je lui fis compliment, prétendant que seul le blond était l'ornement de la femme ; et je m'efforçai de donner de la vivacité à mes regards, qui ne quittaient pas les yeux de la jeune femme.

En ce moment, mes attentions, ma voix pouvaient lui faire illusion ; aussi acceptait-elle volontiers l'hommage rendu à sa beauté. Je lui pris la main, elle ne la retira pas ; je lui parlai les yeux dans les yeux, elle m'écoutait !

Les regards mélancoliques de madame Eugenio s'attachaient à cette scène. A mesure que je me rapprochais de sa rivale, madame Eugenio s'éloignait de son mari. Elle se leva et vint de mon côté ; ma vengeance n'était pas complète. Je fis une déclaration en règle à la jeune femme, de telle sorte que madame Eugenio pût entendre quelques mots. Elle n'osait me parler, mais ses yeux m'adressaient de si poignants reproches que je serais tombé à ses pieds en ce moment.

Lorsqu'elle vint dire adieu à Thérèse, j'essayai en vain de me glisser près d'elle et de lui serrer la main ; madame Eugenio parut m'éviter et se retira sans m'avoir regardé, me laissant sous l'impression de l'avoir mortellement blessée.

La jolie blonde vint à moi, le sourire sur les lèvres, après le départ de madame Eugenio ; je la reçus avec une telle froideur qu'elle dut se demander si j'étais le même qui venait de lui faire une cour assidue.

Sans m'en inquiéter plus que d'un plastron qu'on jette de côté après qu'il a servi à un assaut dans une salle d'armes, j'étais honteux de ma conduite et puni par mes propres combinaisons.

Madame Eugenio n'était-elle pas forcée de courber la tête sous la domination de son mari ? J'avais accepté de me trouver en sa présence, ne devais-je pas en subir les conséquences ?

A cette heure, quoiqu'elle m'eût déchiré le cœur par des marques d'affection données publiquement à son mari, je l'amnistiais et je me condamnais. Dans ma lâcheté je craignais de ne plus la revoir, car je l'avais offensée ; n'était-ce pas la plus mortelle injure pour madame Eugenio que de lui opposer une rivale dans la maison qu'elle fréquentait ?

Il est des hommes qui regardent le cœur des femmes comme un échiquier sur lequel ils font avancer les pièces avec autant de certitude que d'impassibles joueurs ; je n'ai jamais connu cette mathématique de l'amour, et chaque incident me cause un trouble profond sans me donner d'expérience pour l'avenir.

À la suite de cette soirée, je passai deux jours pleins de crainte de ne plus revoir madame Eugenio. Pourtant un tintement particulier de la sonnette se fit entendre une après-midi.

C'était madame Eugenio ! Elle avait devancé l'heure habituelle du rendez-vous. Je n'espérais plus la revoir, et elle tombait dans mes bras ; aussi l'emportai-je contre ma poitrine, comme un précieux trésor. Cette charmante femme si frêle trouvait des forces inconnues pour répondre à mes étreintes, à la pression de ses mains que je pétrissais dans les miennes.

Elle était aimée ; elle le voyait bien à l'éclair qui jaillissait de mes yeux.

Nous ne parlions pas ; la parole est si pauvre en amour ! Je la portais dans un fauteuil, et assis à ses pieds, je plongeais mes regards dans ces grands yeux noirs mélancoliques, qui se laissaient pénétrer et témoignaient d'une douce joie.

Ainsi, je restais en contemplation devant cette séduisante idole, qui m'abandonnait ses mains, ses cheveux noirs flottants.

Elle ne m'accusa pas d'abord. Impatiente, elle était accourue pour voir si j'étais toujours le même, si je l'aimais encore. Mon regard lui suffit. Madame Eugenio n'en voulut pas savoir davantage. Seulement, plus tard, une larme roula de ses yeux, qui ne ressemblait pas à une larme de bonheur.

— Que vous avez été cruel, mon ami !

Elle n'en dit pas plus. C'était un être résigné.

XV

Quelquefois madame Eugenio me parlait du mari de Thérèse, jamais du sien. Frédéric, entraîné par la passion, négligeait son art. Il ne vivait que pour Thérèse, Thérèse que pour lui ; à peine pouvaient-ils rester l'un sans l'autre un instant. Si, par hasard, Frédéric ne se montrait pas rue des Bourdonnais, Thérèse courait à sa recherche. Ils s'aimaient vivement et en souffraient.

Frédéric devint jaloux des personnes qui fréquentaient le salon de la jeune femme. Thérèse subit les tyrannies de Frédéric, et le contre-coup atteignit le mari, qui, de jour en jour, ouvrait la porte avec plus de précaution, et se glissait dans le salon plutôt qu'il n'y entrait.

Quand cet homme souriait, on eût juré que son sourire était de commande. Je le regardais quelquefois à la dérobée, me demandant s'il acceptait la position qui lui était faite. Il paraissait impossible que la présence assidue de Frédéric ne fût pas commentée dans la maison ; et quoiqu'un mari soit le dernier à voir clair dans son ménage, j'appréhendais les suites d'une indiscrétion.

Thérèse, aussi imprudente que Frédéric, traitait son mari comme un être inférieur et ne s'occupait de lui que pour l'envoyer en de longues courses ; il les exécutait ponctuellement, paraissant heureux de recevoir des ordres de sa femme.

Ne croyez pas cependant que l'amour eût fait oublier à Thérèse ses sentiments de famille. Elle chérissait son père, qui lui rendait vivement son affection.

Ce bourgeois, qui n'était jamais sorti du magasin de la rue des Bourdonnais, eût donné sa fortune pour faire le bonheur de sa fille. Si on n'avait pas abusé du mot, je dirais que Thérèse était « la poésie » de cet homme, qui s'était plus occupé de commerce que d'exercer son intelligence. Il y a dans ces natures un coin qui échappe à la sécheresse des intérêts matériels : les alentours en sont raccornis, indurés ; mais un endroit rose et souriant reste conservé à la femme, à l'enfant. Thérèse occupait ce coin dans le cœur de son père, et chacun des désirs de sa fille était une joie pour lui.

Peut-être le père s'était-il aperçu qu'il avait jeté Thérèse dans les bras d'un homme d'une intelligence médiocre, et cherchait-il à lui faire oublier, par une tendresse sans bornes, les dangers d'une union mal assortie. Toujours est-il que le père traitait les amis de sa fille comme les siens, et que lui non plus ne paraissait pas s'inquiéter de nos fréquentes apparitions dans la maison.

Je vous ai dit déjà que le frère et le mari de Thérèse avaient pris mon parti contre le Portugais. En cas de surprise de ce côté, on pouvait compter sur des alliés sûrs ; mais il se produisit tout à coup, de la part de Thérèse, des hostilités accusées contre son mari, et l'homme mit dès lors une certaine insistance à nous accompagner.

Cet être étrange se montrait plus taciturne de jour en jour. Il regardait Thérèse avec de grands regards fixes dont on ne savait que penser. De sa bouche ouverte s'échappait une sorte de sourire pâle et contraint. On eût pu croire que l'homme ne pensait pas ; il écoutait sans paraître comprendre. Peut-être les fantaisies et l'esprit de Thérèse le rabaissaient-ils tellement à ses propres yeux qu'il n'osait se mêler à la conversation !

Ce *muet* qu'on voyait se glisser dans le salon pour en sortir silencieusement, irritait Thérèse, quoiqu'il ne se mît jamais en travers de ses fantaisies. Elle l'accablait de railleries ; il ne répondait pas. Ces sortes de natures sont insupportables aux êtres nerveux, qui souffrent autant du manque de résistance que de la résistance elle-même.

Thérèse pria son frère de la délivrer de son mari. Le frère ne pouvait rien refuser à sa sœur, car Thérèse venait souvent au secours de l'homme insouciant et prodigue qui puisait largement dans sa bourse.

Ce n'étaient pas deux compagnons égaux que Thérèse tentait d'assortir : mais pendant quelques soirées Thérèse fut débarrassée du *muet* qui l'irritait par sa présence.

XVI

Une après-midi d'hiver, Thérèse vint rendre visite à Frédéric; sans m'inquiéter de leur voisinage, je continuai à travailler.

Une heure après, on sonna à la porte. J'allai ouvrir, le cœur joyeux, espérant voir madame Eugenio.

A la porte se tenait immobile le mari de Thérèse !

Plus pâle que d'habitude, il me dit :

— Madame est ici ?

— Oui, répondis-je, ému comme à l'approche d'un grand malheur.

Je balbutiai ce *oui* fatal, sans pouvoir répondre *non*.

Une seconde avant le coup de sonnette, la voix de Thérèse m'avait frappé. La porte du salon de Frédéric donnait sur le palier; il était impossible que le mari n'eût pas entendu cette voix d'un timbre si particulier. Si j'avais nié, un soupçon plus dangereux que la réalité se fût ancré dans son esprit.

Comme le mari connaissait la distribution de l'appartement, il me suivit dans ma chambre, avant que j'eusse repris mon sang-froid.

— Elle est là ! me dit-il en allant vers la petite porte du salon.

Je n'eus le temps ni de me précipiter entre cette porte et l'homme, ni d'appeler Frédéric,

La porte s'ouvrit violemment avec un bruit singulier !

Un nuage de sang passa devant mes yeux.

L'arrivée imprévue du mari, la rapidité des événements m'avaient enlevé mes facultés. Un homme qui reçoit sur la tête un violent coup et qui tombe, telle était ma situation.

Combien dura cet état, quelques secondes peut-être. J'entendis dans le salon des voix animées qui me rappelèrent à moi, et j'y courus.

— Suivez-moi, madame, disait le mari pâle et tremblant.

— Je vous assure, disait Frédéric...

— Je sais tout !

Plus ému que les trois acteurs de ce drame, en ce moment encore je ne voyais pas les physionomies.

Thérèse ne disait mot. Frédéric allait du divan à la cheminée ; seul, le mari restait impassible au milieu du salon.

De temps en temps s'échappaient quelques paroles brèves que j'entendais à peine ; j'avais conscience seulement du froid glacial qui succédait à chaque réponse.

Quand Thérèse fut prête, le mari, s'adressant à nous :

— Après ce qui vient de se passer, dit-il, il est impossible, messieurs, que vous reparaissiez à la maison.

Mais Thérèse, retrouvant le sang-froid que les femmes perdent rarement dans les circonstances désespérées :

— Ces messieurs, reprit-elle, continueront, au contraire, à revenir pendant quelques jours, pour que leur absence ne soit pas prise en mauvaise part. A ce soir, messieurs.

Et elle suivit son mari, nous laissant plongés dans de mornes réflexions. Je craignais de durs reproches de Frédéric pour avoir si mal défendu l'entrée du salon.

— Tu es plus à plaindre que moi, me dit-il.

— Que se passe-t-il? m'écriai-je.

— A quelques mots j'ai compris que cet homme voulait avertir le mari de madame Eugenio; c'est elle qu'il accuse d'avoir perdu Thérèse.

Ce fut à mon tour d'être rempli d'angoisses, surtout quand Frédéric ajouta que Thérèse, entraînée par son mari, l'avait suivi de force au passage Radziwill.

En un clin d'œil tout mon bonheur était brisé! Et cela par un être qui, ne pouvant douter de son déshonneur, cherchait des motifs d'excuse à la conduite de sa femme. Il aimait Thérèse, et voulait la justifier par tous les moyens. J'aurais préféré être tué par le Juif, plutôt que de souffrir ce que j'ai souffert pendant quelques heures.

Le Portugais m'eût surpris avec sa femme, sa vengeance était légitime; mais comment parer à une dénonciation subite, sans motifs?

Le mari de Thérèse avait-il le droit de se plaindre de l'empire qu'exerçait madame Eugenio sur sa femme? Sans Thérèse, je n'aurais jamais connu madame Eugenio. Si nous n'avions entendu parler l'un de l'autre à diverses reprises, la douce créature serait restée tranquille dans son intérieur. Et aucun moyen de conjurer le danger qui la menaçait!

Quelle révélation pour le jaloux Portugais, qui allait entendre une accusation portée contre sa femme, en présence d'une complice qui ne pouvait nier!

En face du danger, les femmes trouvent des résolutions héroïques : Thérèse le prouva en nous invitant à venir chez elle, après la scène qui devait nous séparer à jamais. Mais rentrer l'esprit tranquille, se trouver en face d'un mari qui ne peut plus douter, dont l'esprit s'est gonflé de vengeance, supporter un tel choc, tel était le sort qui attendait madame Eugenio.

J'entrevoyais pour la première fois les conséquences d'une faute dans leur triste réalité : un avenir brisé, des remords, un rôle misérable dans une société qui, si elle tolère la faute cachée, punit cruellement les femmes dont la conduite n'a pu échapper à la publicité!

Le mari de Thérèse s'était conduit froidement en apprenant son déshonneur; mais que pouvait amener une révélation semblable dans l'esprit d'un homme tel que le Portugais?

Nous restions, Frédéric et moi, en face d'un grand malheur, osant à peine échanger nos pensées.

— Il faut aller rue des Bourdonnais! s'écria Frédéric, qui reprenait courage.

XVII

Quand nous arrivâmes, Thérèse était dans son salon, assise dans un fauteuil; à quelques pas d'elle, son mari, pâle comme le symbole du remords.

Je me rappelle à peine ce qui se passa pendant cette soirée; sauf quelques mots entrecoupés, nous parlions à peine.

Dans la chambre voisine, des armes étaient pendues au mur; elles eurent mon premier regard lorsque nous entrâmes. Je me disais : Le mari subira-t-il les nouvelles exigences de sa femme? Fera-t-il une scène violente à celui qui l'a trompé? Comment Frédéric, avec son caractère emporté, supportera-t-il des reproches légitimes?

A la contrainte qui régna pendant la soirée, j'eusse préféré que les armes fussent tirées, pour en terminer avec ces angoisses.

Je n'avais d'yeux que pour la pendule, cette confidente de tant de chagrins. Comme dans les grandes peines, l'aiguille semblait s'arrêter paresseusement à chaque minute du cadran !

Tous, nous osions à peine nous regarder, de peur que de nos yeux ne s'échappassent la colère, la menace, la vengeance. Quelle situation! Pourquoi Thérèse nous forçait-elle à la subir?

C'était braver son mari que de mettre une fois de plus en sa présence l'homme qui l'avait trompé? Seul, j'échappais aux colères du mari, et encore ne semblais-je pas un complice du drame? Combien de fois étais-je venu dans cette maison chercher Thérèse, lui apporter des bouquets, qu'on pouvait jadis regarder comme de simples marques d'attention, mais qui aujourd'hui reprenaient leur réelle signification!

Si chacun de nous roulait d'amères pensées, le mari devait être assailli d'idées sombres qui se lisaient clairement dans ses regards.

Autour de lui le malheureux ne voyait que trahisons et embûches; chacun conspirait contre son repos. Peut-être à cette heure était-il désespéré de ne pouvoir plus douter de son malheur!

Le frère de Thérèse arriva, qui nous tira momentanément de cette fausse situation. Pour ne pas revenir sur des détails pénibles, chacun de nous prit un masque d'indifférence qui nous permit de prendre congé de Thérèse et de son mari. Je craignais autant que la froideur de cette entrevue, l'explosion de la fin.

En reconduisant le frère de Thérèse, nous lui fîmes part des événements de la journée. Compatissant au malheur de sa sœur, il voulait retourner près de Thérèse, craignant les récriminations d'un mari offensé; mais, à sa physionomie, il était facile de voir que l'homme dévorerait silencieusement sa douleur. Il avait pu revoir Frédéric en face sans emportement; il avait déjà peut-être pardonné à sa femme. .

Le lendemain, le frère de Thérèse vint nous faire part des événements de la veille :

— La situation est moins grave, me dit-il.

Forcée par son mari de le suivre au passage Radziwill, Thérèse l'avait accompagné, préférant être présente à la dénonciation plutôt que de laisser les deux hommes outragés s'entendre ensemble. Le hasard voulut que le Portugais fût absent ; Thérèse était rentrée chez elle sans avoir à défendre madame Eugenio en face d'un mari qui eût supporté difficilement la moindre accusation contre sa femme.

Le silence que nous avions tenu pendant notre visite devint dès lors la règle de conduite de Thérèse ; ayant déclaré à son mari qu'en présence du monde tous deux devaient agir comme de coutume, elle chargeait son frère de prévenir Frédéric qu'il revînt chaque soir, et elle me priait de l'accompagner, pour rendre ces entrevues moins pénibles.

Cette ligne de conduite me parut dangereuse ; mais je n'en témoignai rien à Frédéric. Ne devais-je pas me dévouer pour la charmante femme dont mon manque de sang-froid avait empoisonné l'avenir ?

Thérèse s'était sacrifiée plus encore pour sauver madame Eugenio que dans son propre intérêt. Dès le lendemain de l'événement, elle obtint que son mari garderait le silence et ne révélerait pas au Portugais les relations de sa femme ; mais Thérèse ne devait plus recevoir chez elle madame Eugenio.

Que les maris sont aveugles ! Toute la colère du malheureux était tournée vers la femme douce et résignée qu'il accusait d'avoir perdu Thérèse; il lui interdisait l'entrée de sa maison, y laissait revenir l'agent principal de son déshonneur, et me supportait, moi le confident naturel de Thérèse et de Frédéric. Peut-être avait-il surpris dans mes regards quelques traces de sympathie!

La première huitaine se passa froidement; toujours le mari assistait à nos entrevues, silencieux, avec ses yeux sans chaleur et sans flamme. Pour échapper à la contrainte d'une conversation difficile, Frédéric ouvrait le piano et ne le quittait qu'à la fin de la soirée. Il faisait de la musique pour couper par un semblant de distractions ces pénibles soirées.

Pour moi, le mari m'avait conservé une sorte d'amitié et j'étais aussi libre avec sa femme que par le passé. Ainsi pouvais-je lui donner des nouvelles de madame Eugenio, que j'engageai à ne pas revenir de quelque temps rue des Bourdonnais; je ne lui fis pas connaître toutefois la vérité absolue, c'est-à-dire son exil provoqué par un malheureux qui en avait fait une condition absolue de pardon.

La pauvre femme frémit en apprenant le danger qui planait sur sa tête. Le hasard avait perdu Thérèse; le moindre soupçon pouvait nous jeter dans quelque embûche.

Madame Eugenio, malheureuse en ménage, ne s'en plaignait pas ouvertement : sa nature réservée fuyait les récriminations; aussi combien de fois ai-je baisé avec attendrissement ces grands yeux qui laissaient percer quelque douleur contenue! Si je la pressais de questions, alors seulement elle avouait ses chagrins domestiques. Le Portugais, tyrannique comme un enfant, en avait tous les caprices.

A cinquante ans, il avait épousé une jeune fille de seize ans, croyant conquérir une sorte d'esclave. C'était une de ces unions, malheureusement trop communes, dans lesquelles une enfant ignorante de la vie est tout à coup liée pour toujours par la volonté de ses parents.

Pendant dix ans, madame Eugenio était restée seule, le Portugais voyageant pour son commerce. Les années de jeunesse de madame Eugenio s'écoulèrent dans la solitude.

Un jour, fatigué, le juif revint se fixer à Paris; mais il n'avait pu modeler cette délicate statue qu'on appelle une jeune fille, et loin de chercher à la distraire, il la condamna à une sorte de réclusion, sans la compenser par le bonheur intérieur.

Le devoir et non l'affection était la chaîne qui rattachait la jeune femme à son mari, chaîne portée trop visiblement; d'où les récriminations du Portugais, qui, comprenant sa situation, n'osait donner cours ouvertement à sa colère, et restait quelquefois des jours entiers sans parler à madame Eugenio.

Quand je la rencontrai, cet état de choses durait depuis cinq ans, et la jeune femme s'était laissée aller à l'amour, qu'elle ne connaissait pas. Mais aussi comme je m'efforçais de lui faire oublier ses tourments domestiques, car je l'ai bien aimée!

17.

XVIII

Nous avions gardé quelque sérénité au milieu des drames de la rue des Bourdonnais, qui s'amoncelaient, noirs et chargés de tempêtes.

Au début, Thérèse parut accepter la surveillance de son mari : elle affecta même une certaine froideur pour Frédéric; mais le mari ne pouvait rester constamment au salon. Ses affaires l'appelaient au dehors; à peine avait-il fermé la porte, que les deux amants se jetaient dans les bras l'un de l'autre, avec de tendres protestations et mille serments de s'aimer toujours.

Aucun obstacle n'était de nature à affaiblir une passion qui s'aiguisait à toutes les impossibilités. Le mari n'en était pas dupe; ses joues se creusaient, son teint devenait blafard. Cet homme devait subir d'affreuses tortures.

Un matin, il entra chez moi, la figure si altérée que je craignis qu'il ne vînt avec quelque projet de vengeance.

— Je ne peux plus vivre de la sorte, dit-il d'une voix sourde.

— Que se passe-t-il?

— Je veux, dit-il, en finir avec la vie.

Il parlait d'un ton véritablement navré. J'essayai de lui démontrer que si Thérèse avait failli, rien dans sa conduite actuelle ne donnait prise au soupçon. Le parti le plus sage était de pardonner ; le temps devait faire oublier ces souffrances domestiques.

Impuissantes consolations! L'idée du suicide était entrée dans l'esprit du pauvre homme, qui ne croyait trouver l'oubli que dans sa propre destruction.

Il passait maintenant les nuits à gémir, se doutant des complots de Frédéric et de Thérèse pour se revoir. Il ne pouvait l'empêcher et en était arrivé à pardonner à Frédéric de l'avoir trompé, car, disait-il, il agit comme tout jeune homme ; mais mon bonheur est perdu à jamais !

— Si j'avais un enfant, ajoutait-il, je reporterais sur sa tête l'amour que j'avais pour sa mère ; je n'ai pas cette consolation, il faut mourir !

Touché du désespoir de cet homme et ayant sondé l'abîme que son projet désespéré creuserait dans le cœur de Thérèse :

— Il y a un moyen, lui dis-je.

— Lequel ? s'écria-t-il comme s'il était sauvé ; car il avait une certaine affection pour moi, étant seul dans son intérieur à lui témoigner quelque sympathie.

— Vous avez dit que seulement si Frédéric disparaissait, vous espériez reconquérir le cœur de Thérèse.

— Oui, je ferai tout pour lui plaire ; il est impossible que, voyant tant d'amour, elle n'en soit pas touchée.

J'étais loin de partager cette espérance. Thérèse

n'avait jamais aimé son mari ; c'était surtout cet état d'esclave qui le lui avait fait prendre en pitié.

— Quel est le moyen? s'écria le malheureux, essayant de se raccrocher au moindre conseil comme un noyé qui sent la mort accourir.

Encore une fois je m'efforçai de combattre l'idée de suicide qui s'était ancrée en lui.

— Oui, dit-il, bientôt vous apprendrez ce malheur !

— Vous perdez à jamais Thérèse dans l'opinion.

— Je ne veux pas me venger d'elle ! s'écria-t-il.

— Mais les tortures auxquelles vous voulez échapper retomberont sanglantes sur la tête d'une femme que vous adorez.

On ne détruit pas une idée fixe.

Le malheureux disait vrai ; sur sa physionomie abattue se voyait un rayon d'énergie qui lui donnait assez de courage pour se suicider. Tous mes raisonnements avaient échoué contre cette volonté. Quelle diversion assez puissante à opposer à ce fatal projet?

Une pensée me traversa l'esprit. Si Frédéric rendait raison au mari de Thérèse ! Le duel fait oublier parfois les insultes les plus graves. En pareil cas je n'eusse pas hésité. Je crus pouvoir avancer que mon ami irait au devant d'une réparation par les armes.

— Vous le tuerez ou il vous tuera, dis-je. S'il vous tue, vous atteignez votre but ; si vous le tuez, vous retrouvez Thérèse seule, et vos espérances de reconquérir son cœur peuvent se réaliser.

Comme je lisais dans les yeux du malheureux que cette idée changeait le cours de ses chagrins, je brusquai le dénoûment.

— Frédéric, dis-je, se tiendra à votre disposition. Nous nous arrangerons de telle sorte qu'une querelle quelconque colore les motifs de cette rencontre, et, pour vous épargner les embarras d'une pareille affaire, je me charge d'être votre second.

Le pauvre homme, convaincu par ces brèves décisions, me remercia les larmes aux yeux.

— Allez au tir de l'allée des Veuves ; vous direz de ma part au garçon qu'il vous donne quelques conseils.

Il me serra la main avec les marques les plus vives de reconnaissance.

— Maintenant, lui dis-je, je vais m'occuper de rassembler tout notre monde.

— A demain, fit-il en me quittant d'un air moins abattu.

J'allai trouver Frédéric, qui ne se doutait pas de ce nouvel incident.

— Me battre ! s'écria-t-il, à quoi bon ?

Frédéric ne manquait pas de bravoure ; mais une décision si inattendue eût étonné le plus intrépide.

— Préférerais-tu qu'il se tuât ? demandai-je à Frédéric. Il fallait sortir à tout prix de cette situation. Pense à l'horrible souvenir que garderait pour la vie Thérèse d'un suicide !

— Tu as peut-être raison, dit Frédéric, qui redoutait le scandale dans un quartier habité par sa famille.

Il est certain que nos fréquentations dans la maison avaient été remarquées. Les voisins semblaient épier la conduite de Thérèse et de madame Eugenio, et j'avais surpris plus d'un sourire à notre entrée dans la maison.

— Ces gens, dis-je à Frédéric, n'attendent qu'une occasion pour se venger d'une femme qui a le tort d'être sincère dans ses affections. Qu'un scandale se produise, il ne t'atteindra pas, mais Thérèse; pense à sa situation, à celle de son père, qui n'a pas le plus léger soupçon encore...

— Un duel, dit Frédéric, n'aura-t-il pas les mêmes résultats?

— Ce duel sera coloré par une querelle quelconque.

— Enfin, puisque tu l'as décidé! s'écria Frédéric.

XIX

J'avais alors pour ami un des hommes les plus braves de Paris. Il s'était battu souvent et était sorti triomphant de tous ses duels.

Ayant affronté de nombreux dangers dans une vie semée d'aventures, il conquit une réputation de bravoure, et son sang-froid le faisait choisir habituellement par ceux qui avaient sur les bras une affaire d'honneur.

Il était venu quelquefois à l'avenue du bois de Boulogne, s'était rencontré avec les dames et avait certainement deviné notre secret. Je m'en ouvris avec lui à demi-mot; mais je ne le trouvai pas dans cette circonstance tel que je me l'étais imaginé.

Il traitait les questions de femmes avec légèreté et ne voyait dans l'amour qu'une distraction incapable d'occuper sérieusement les pensées d'un homme. Aussi m'accabla-t-il de railleries à propos de l'affaire de Frédéric, que je lui présentais menaçante; à peine même me laissa-t-il expliquer le drame dans tous ses détails.

A l'entendre, on ne se battait pas pour de tels motifs, et pourtant il avouait avoir maintes fois risqué sa vie pour des querelles sans gravité.

Mon plan de bataille fut ruiné du premier coup, car j'avais fait fonds sur cet ami, le seul qui me semblât pouvoir diriger convenablement une telle rencontre; cependant, ayant promis au mari de Thérèse de donner une issue à son chagrin, j'insistai fortement sur la nécessité de ce duel.

— Vous le voulez, ils se battront, dit mon ami. La grande affaire pour le mari est de laver ce qu'il appelle son honneur offensé; vous ne sauriez croire combien deux coups de pistolet échangés font naître de sages réflexions dans la tête d'un homme. Il faut être enragé pour recommencer. Quand nos deux adversaires auront tiré l'un sur l'autre, je veux qu'ils s'embrassent et qu'ils deviennent les meilleurs amis du monde.

— Mais s'il y a un blessé?...

— Laissez-moi m'occuper de ce détail, reprit mon ami. Je vous serai cependant obligé de ne pas parler de ce duel... Je veux bien vous débarrasser d'une mauvaise affaire; mais il ne faut pas qu'on sache que j'ai prêté mon concours à une semblable rencontre. Du reste, ajouta-t-il, à la physionomie de l'insulté, je verrai le parti à prendre au dernier moment.

Nous convînmes de l'heure du rendez-vous pour le lendemain, et je retournai à la rue des Bourdonnais plus calme, gagné par le scepticisme de mon ami.

Frédéric entama la querelle dont nous étions convenu et blessa par une parole vive le mari de Thérèse, qui riposta sur le même ton.

A part cet incident, la soirée se passa comme d'habitude en apparence; le mari de Thérèse nous laissa seuls dans le salon, et ce temps ne fut pas perdu pour Frédéric, qui, craignant de ne pas revoir celle qu'il aimait, se répandit en protestations de fidélité.

Thérèse se sentait véritablement aimée, et sa figure rayonnait de bonheur.

Le lendemain, la première personne qui apparut au rendez-vous fut mon ami le duelliste, portant sous son manteau deux pistolets d'une longueur respectable.

— Ces messieurs, me dit-il, en désignant Frédéric et ses témoins, prendront un compartiment; j'en ai loué un autre pour nous, afin que nous puissions causer de l'affaire pendant la route.

C'était un homme séduisant que mon ami. Avec un

pareil témoin on se sentait plein de confiance; ses brèves déterminations, jointes à un scepticisme spirituel, en faisaient un être précieux dans les moments graves.

A peine dans le wagon, montrant négligemment ses pistolets, il entreprit de ramener le mari de Thérèse à de meilleurs sentiments. Il parla longuement de la jeune femme qu'il avait vue jadis, et ne tarit pas en compliments sur son compte; puis il arriva à la catastrophe et s'efforça de montrer Frédéric plus léger que coupable.

Qui pouvait approcher Thérèse sans en être épris? Lui-même, après une soirée à l'avenue, avait été charmé par cette jolie femme, dont chaque mouvement était une grâce. Il admettait les susceptibilités du mari (il osa dire *susceptibilités*); mais Thérèse n'était-elle pas une femme qui, trop intelligente pour ne pas mépriser les usages du monde, arborait le pavillon de la fantaisie.

En regard de Thérèse, le conciliateur créa une créature bourgeoise, revêche, n'ayant que le mot *devoir* à la bouche, gourmandant sans cesse son mari, faisant de l'intérieur un enfer, et il en conclut qu'un honnête homme devait remercier la Providence de n'être pas tombé en de pareilles mains.

Un petit brouillard transparent se levait et démasquait l'horizon. Mon ami en prit acte pour parler de l'avenue, où la volonté de Thérèse avait réalisé, à la porte de Paris, un charmant intérieur. Et en ce moment ces joies intimes allaient être troublées à jamais par un duel sans merci qui ne pouvait qu'attacher un crêpe au cœur de Thérèse, un remords sanglant à l'adversaire qui survivrait.

La vie n'était-elle pas déjà assez pleine d'amertumes sans froidement creuser une fosse plus funèbre encore pour celui qui y ferait tomber son adversaire que pour celui qui y prendrait place? Ah! s'il s'agissait d'êtres malfaisants, mon ami les verrait se détruire sans remords; mais deux galants hommes devaient-ils se battre pour une méprise?

Il prononça *méprise* d'un ton qu'eût envié un comédien de génie, et insista sur cette sorte d'*entêtement* qu'il essayait de vaincre, ainsi que le lui commandait sa mission de témoin.

Le mari de Thérèse écoutait ces discours avec surprise, n'étant pas habitué aux principes légers du boulevard des Italiens. Frappé par les sophismes du duelliste, peut-être commençait-il à croire qu'il avait pris son malheur trop tragiquement; cependant il ne faiblissait pas, et d'un œil sombre regardait de temps en temps les pistolets, comme le seul terme à opposer à ses tourments.

L'éloquence de mon ami n'ayant pas triomphé tout d'abord, il changea de batteries et entreprit de faire convenir le mari de Thérèse de ses torts. J'ai rarement entendu une telle presse d'arguments si déliés.

Moi-même, à cette heure, j'entrevoyais le drame et ses conséquences sous un jour différent. Le mariage ne m'apparaissait plus à la moderne, et le terrible mot *adultère* était recouvert par l'habile homme de voiles indécis qui en adoucissaient les angles.

Mon ami pressait le malheureux de questions et les posait de telle sorte que le mari s'y enferrait de lui-même. C'était dans notre compartiment que se passait le véritable duel, car l'orateur était maître d'escrime en arguments. A chaque coup le mari était touché, et obligé de l'avouer. Maintenant il reconnaissait presque qu'il avait eu tort; mais son amour-propre était attaché à ce duel, et aucune raison ne semblait devoir l'y faire renoncer.

— Vous vous battrez donc, dit le conciliateur à bout d'arguments; seulement je n'ai jamais assisté à un duel l'estomac creux. Près de la station est un cabaret, où nous déjeunerons avant de commencer.

— Déjeuner! s'écria le mari.

— Ne saviez-vous pas que c'est la coutume dans tous les duels? Qu'un des adversaires soit blessé, j'écarte l'hypothèse d'un coup sans remède, apportera-t-il à ce festin une joyeuse figure?

— Mais, dit le mari....

— Laissez-moi vous expliquer, continua mon ami avec un sang-froid imperturbable, que le meilleur tireur ne peut viser à jeun; l'estomac étant vide, le corps se ressent de cet état de faiblesse, la main tremble, et la balle se perd ridiculement dans les nuages.

— Le garçon du tir, reprit le mari, me disait qu'on tirait avec plus de justesse avant d'avoir mangé.

— Vous avez mal entendu, cher monsieur; après et non pas avant... Croyez-en mon expérience. D'ailleurs, quand la maîtresse du cabaret nous apercevra à la descente du chemin de fer, aussitôt le petit salon du duel sera apprêté sans qu'il soit besoin de rien commander. J'ai déjà déjeuné plusieurs fois dans ce salon en qualité de témoin.

Le train venait de s'arrêter; je prévins Frédéric et ses témoins du singulier repas qui devait précéder le duel, et nous nous rendîmes au cabaret.

Le fameux salon du duel, qui n'existait qu'en imagination, était situé au premier étage. Chacun se mit à table, la figure moins contrainte qu'au départ; cependant les pistolets étaient en évidence sur la cheminée.

Mon ami fit les honneurs de ce repas improvisé, comme s'il eût été en compagnie de gais compagnons, dans une taverne du boulevard; le vin ayant chassé tout ressentiment, à la fin du repas Frédéric et le mari de Thérèse tombaient dans les bras l'un de l'autre, se jurant d'oublier l'affaire qui les avait amenés sur le terrain.

La matinée se passa joyeuse, surtout pour moi, heureux de la tournure qu'avaient pris les choses, et je revins à notre domicile, sans me douter que j'y trouverais Thérèse.

— Où est-il? s'écria-t-elle, pleine d'émotion. Parlez, tirez-moi d'inquiétude!

— Vous savez donc?

— Tenez, dit Thérèse en me présentant une lettre que je parcourus du regard.

C'était l'adieu du mari, qui, croyant marcher à une

mort certaine, avait écrit une dernière fois à Thérèse, la laissant sous le coup de cette angoisse.

Elle était sortie aussitôt, avec l'espérance de nous rencontrer, voulant à tout prix empêcher ce duel.

— Je vous en supplie, dis-je, partez avant que votre mari n'arrive. Qu'il ne sache pas que vous êtes venue ici pendant son absence.

— Je ne le crains plus maintenant! s'écria Thérèse.

Ainsi le malheureux avait commis une nouvelle faute en annonçant son duel et en ne se battant pas. Peut-être Thérèse eût-elle été touchée de son courage!

Il résulta de cette aventure que le mari fut traité avec plus d'indifférence que jamais. Sa réconciliation avec Frédéric avait enfoncé un peu plus le malheureux dans un bourbier dont il ne pouvait se tirer. Il fallait tuer son rival ou obtenir de lui qu'il ne revînt plus à la maison.

Frédéric, sorti sain et sauf de l'aventure, n'étant lié par aucune condition, continua ses visites comme par le passé.

Par ce duel avorté, le mari perdit les bénéfices de sa position. Il n'avait plus le droit de se montrer jaloux; n'osant continuer son rôle de sentinelle dans le salon, il sentait qu'il était pour tous un objet de pitié. Mon ami nous avait rendu un mauvais service par son système de conciliation.

Je ne doute pas qu'à la place de Frédéric il n'eût tourné la situation. Il était homme à faire comprendre à un mari que le rôle d'aveugle est le plus agréable auprès d'une femme charmante. Frédéric manquait de cette précieuse souplesse ; il aimait Thérèse ; cela se voyait dans ses regards, dans ses gestes. Dès lors une sourde irritation se produisit, permanente et acharnée, dans le petit salon, aussitôt que les deux hommes se rencontraient, ni l'un ni l'autre n'ayant assez d'empire sur lui-même pour cacher leurs secrètes pensées.

XX

Combien maintenant je me félicitais de n'avoir pas fréquenté la maison de madame Eugenio! Nous nous voyions moins souvent, il est vrai, mais nous pouvions oublier! A peine savais-je que le Portugais existait! Et si nos rendez-vous étaient quelquefois troublés, c'était quand, frappé des nuages qui s'amoncelaient au-dessus de la tête de Thérèse, je cherchais vainement à conjurer l'orage.

De quel sentiment pénible fus-je saisi, quand Frédéric m'annonça que Thérèse voulait abandonner son mari.

— Où irez-vous? m'écriai-je. Mais vous êtes deux enfants qui oubliez les difficultés de la vie! Ni toi ni Thérèse n'avez de fortune. T'imagines-tu qu'elle vivra de privations? Si son père ne fournissait à ses nombreuses dépenses, pourrait-elle vivre suivant sa fantaisie? Thérèse ne sait rien refuser à ses caprices ; qui les satisfera? Maladive, elle a besoin de constantes distractions ; je vous vois en face l'un de l'autre, faisant des projets d'économie et souffrant d'y obéir. Thérèse, habituée au mouvement d'une grande maison, tombera dans l'inaction et se repentira d'avoir rompu toutes relations avec sa famille, car son père ne lui pardonnera pas cette fuite. Vous souffrirez tous deux de la pierre que vous vous serez attachée pour vous noyer ensemble, et l'un de vous deux fera de suprêmes efforts pour s'en débarrasser.

Ce rôle de raisonneur à la Tiberge est rarement supporté par ceux que la passion entraîne ; il en résulta quelque froideur entre Frédéric et moi. Pourtant Frédéric comprenait que j'avais raison! Je n'osais m'en ouvrir directement à Thérèse, car je craignais d'être obligé de toucher à des idées froissantes pour une femme qui aime.

Ces projets ne laissaient pas que de remplir l'intérieur du petit salon de la rue des Bourdonnais de troubles et de nuages. Plus de ces douces réunions d'autrefois! Thérèse, son mari, Frédéric pensaient sans cesse à la fausse situation à laquelle ils étaient condamnés, et moi-même je subissais le vertige du courant qui les emportait comme dans un gouffre.

— Il faut qu'il parte! me dit Thérèse, un jour que nous étions seuls.

— Frédéric! m'écriai-je, étonné de ce courage subit.

— Non, pas lui, dit-elle.

Je ne répondis pas d'abord, étonné de cette nouvelle détermination.

— Au moins, reprit-elle, serais-je débarrassée de sa présence qui m'est odieuse... Il me fatigue sans cesse de ses protestations d'amour. Il faut qu'il parte ! Je déciderai mon père à l'envoyer en province. .

— Acceptera-t-il ? pensai-je.

Thérèse et Frédéric trouvaient quelque consolation à caresser cette idée ; mais le père, pour la première fois, résista aux désirs de sa fille.

L'espoir qu'elle nourrissait et qui fut brisé tout à coup affecta profondément Thérèse. Elle perdit sa gaieté habituelle. On eût dit que le ressort de l'espérance était brisé en elle. De vive et capricieuse qu'elle était, Thérèse devint taciturne et se laissa aller à l'affaissement. Tout chagrin, elle le narguait jusque-là, grâce au privilége d'une égalité d'humeur inaltérable ; mais la passion semblait avoir donné le coup de grâce à son courage.

Cet état moral devint assez inquiétant pour qu'on tentât d'y apporter une diversion ; mais le cœur avait anéanti le corps.

Pendant un mois Thérèse resta étendue sur un lit dressé dans son salon, et nous suivions avec anxiété les progrès d'une lente maladie qui défiait les efforts de la science.

Frédéric passait maintenant ses journées tout entières auprès d'elle. Thérèse avait besoin de distractions ; le médecin permit la musique comme engourdissement à ses souffrances.

Irritable comme les malades, Thérèse reçut un jour son mari de telle sorte qu'il osa dès lors à peine entrer dans le salon : il se tenait derrière les rideaux du lit, se contentant d'entendre parler sa femme et craignant de l'offenser par sa présence.

Dévorée par une maladie lente dont rien ne pouvait arrêter les progrès, Thérèse ne se plaignait pas et s'efforçait de nous recevoir avec son sourire habituel. Elle espérait cacher ses souffrances à ceux qu'elle aimait; mais ses lèvres pâlies indiquaient le mal qui la minait, et si elle conservait le regard brillant, c'est qu'il recélait la flamme d'une fièvre qui ne la quittait plus.

Les jours passaient sans amener d'amélioration. Quelquefois, cependant, Thérèse retrouvait une sorte de vivacité et parlait de l'avenir avec une joie si singulière, que je craignais de comprendre ce qu'elle appelait *avenir*.

On était alors au mois de mai. Un dimanche, que nous entourions le lit de la malade, Thérèse dit qu'elle se sentait mieux et qu'elle voulait sortir. Vous pensez la joie qu'inspira cette volonté.

Thérèse était sauvée!

Les fenêtres ouvertes du salon laissaient passer un rayon de gai soleil. Thérèse voulut goûter à ces premières fêtes du printemps.

Trop heureux d'obéir à ses moindres désirs, chacun s'empressa autour de la jeune femme. Quand la femme de chambre eut habillé sa maîtresse, Thérèse descendit lentement l'escalier, soutenue par

Frédéric. Nous nous attendions à aller à l'avenue ; mais Thérèse voulut être conduite à l'église Saint-Étienne-du-Mont.

C'était l'époque du mois de Marie ; Thérèse voulait revoir les fêtes du printemps auxquelles s'associe l'Église.

La route se passa gaiement. L'être malade qui est resté longtemps enfermé dans sa chambre, voit d'un œil d'enfant les allants et venants ; la vie lui apparaît plus nette et le moindre détail se dessine nettement dans le cerveau reposé. A la porte de l'église, la voiture s'arrêta ; Frédéric prit le bras de Thérèse et entra avec elle au moment où un cantique chanté par de fraîches voix d'enfants faisait retentir la voûte.

L'autel était couvert de lilas, dont le parfum se mêlait aux pénétrantes odeurs de l'encens. Thérèse s'agenouilla ; mais la malade avait trop compté sur un moment de bien-être : elle sentit ses forces l'abandonner et resta presque privée de mouvement pendant le retour.

Le médecin nous blâma d'avoir satisfait à son désir, et exigea qu'on laissât Thérèse seule le reste de la journée ; elle avait besoin d'un repos absolu : un violent accès de fièvre venait de se déclarer.

Le lendemain et les jours suivants, la fièvre augmenta et la porte nous fut interdite. Frédéric seul pénétra dans l'antichambre et fut reçu par le père de Thérèse, qui ne lui dissimula pas l'état de sa fille.

Le mieux qu'elle avait ressenti tout à coup n'était autre que cet état commun aux malades qui, excités par le travail secret de la fièvre, croient à une convalescence subite, trop fréquent avant-coureur de graves désordres.

Nous passions maintenant nos journées dans une morne tristesse, Frédéric craignant d'approfondir la fatale situation ; de mon côté, j'osais à peine interroger madame Eugenio sur ses yeux rougis par les larmes qu'elle venait de verser au chevet de son amie.

Cette pénible situation dura un mois, pendant lequel la vie débattait ses droits pied à pied. Thérèse avait perdu le sentiment de ce qui l'entourait ; mais il faut abréger le récit de cette agonie douloureuse.

Je revis Thérèse morte, étendue sur son lit, habillée d'une robe blanche et couronnée de roses. Elle avait voulu être exposée ainsi, dans son petit salon, se montrer pour la dernière fois aux regards de ceux qui l'avaient connue. Son père était assis près d'elle, la tête dans les mains.

Pendant la soirée défilèrent lentement, les larmes aux yeux, amis, voisins, gens de la maison. Le silence n'était troublé que par les sanglots qui s'échappaient de toutes les poitrines. Ainsi reposant, pour toujours, Thérèse était encore belle ! La mort, respectant sa figure, lui avait imprimé un cachet d'angélique tranquillité.

J'entraînai Frédéric après qu'il lui eut donné un dernier baiser, et je passai une partie de la nuit à l'entretenir de Thérèse. Elle était calme maintenant ! La mort avait tranché une affection pleine de souffrances, que l'avenir ne pouvait que rendre plus pénibles encore. Thérèse quittait la vie, jeune, aimée, belle, sans connaître les rides de l'amour. Pauvre et trop sensible créature, qui n'était pas à sa place dans un milieu où elle se sentait privée d'ailes !

De pareilles natures, comprimées sous le joug commun, se brisent tout à coup. La foule qui l'accompagna au cimetière montra quelles sympathies la pauvre femme excitait. Quand le père remercia ceux qui avaient accompagné sa fille à sa dernière demeure, tous les yeux furent mouillés de larmes et je pris le bras de Frédéric, qui, appuyé sur une tombe voisine, avait suivi jusqu'au bout le dénoûment du drame.

— Ne m'en veux pas, me dit-il, si je ne rentre pas à la maison ; tu ne m'y reverras plus. Les murs sont trop garnis de souvenirs !

XXI

Combien je supportai difficilement l'isolement amené par la mort de Thérèse ! Le petit salon de la rue des Bourdonnais était une sorte d'oasis où j'oubliais les fatigues du travail ; la liberté la plus complète y régnait.

Maintenant j'étais seul, dans un endroit où d'amers souvenirs me revenaient sans cesse à la mémoire. Je voulais le fuir ; mais madame Eugenio s'y opposa : là, j'étais non loin d'elle.

De tristes pressentiments la poursuivaient depuis la maladie de Thérèse. Il lui semblait qu'une maille était rompue dans la chaîne de notre amour ; je m'efforçai de la rassurer, quoique cette mort semblât élever une barrière entre nous.

Thérèse rendait nos rencontres faciles ; malgré les soupçons du mari, les deux amies continuaient de se voir, et maintenant il ne fallait plus compter sur une aide étrangère.

Quelquefois madame Eugenio m'invitait à lui rendre visite chez elle ; mais je repoussais cette idée pour les raisons que je vous ai dites. Ne pas voir un mari, c'est ignorer qu'il existe : si je pensais au Portugais, la jalousie s'emparait de moi, et aussitôt la scène du fauteuil, que je vous ai racontée, me revenait à la mémoire.

Cependant, madame Eugenio ayant manqué à deux rendez-vous, je passai par de telles tortures, que je souscrivis à ses désirs. Elle en revenait toujours au moyen de me recevoir chez elle, prétendant que la jalousie du Portugais était éteinte.

Pour me le prouver, elle me donna rendez-vous aux Italiens, à une représentation du *Don Juan*, où elle assisterait en compagnie de son mari. Je devais me trouver à l'orchestre comme par hasard, la voir, lui présenter mes compliments.

Dans mon impatience, j'arrivai le premier aux Italiens, regardant du coin de l'œil les loges qui avoisinent l'orchestre, car je souhaitais et je craignais à la fois l'arrivée de madame Eugenio ; j'avais peur qu'en me voyant, le Portugais n'emmenât tout à coup sa femme. Autant sa présence m'inspirait de répulsion, autant je devais lui inspirer de haine. Il me semble qu'un homme que je méprise lit sur ma figure que je le méprise; et je haïssais le Portugais!

Était-il naturel de me rencontrer aux Italiens le soir même où s'y trouvait une femme que j'avais courtisée autrefois?

En ce moment je n'osais plus me retourner vers la salle. Si je ne la vois pas, pensai-je, j'entendrai le bruit qu'elle fera en ouvrant la porte de sa loge, je reconnaîtrai son pas; mille folies enfin d'homme amoureux.

A une certaine commotion qui fit bondir tout à coup mon cœur, je devinai qu'elle était arrivée. Ce n'est pas en ce moment que j'aurais pu goûter les mélodies de Mozart. Je n'entendais rien que le battement de mes tempes et le bruissement de mon sang. Les acteurs semblaient entourés d'un nuage.

Pourtant une cantatrice célèbre attirait la foule aux représentations du *Don Juan;* mais je ne venais ni pour la chanteuse ni pour l'Opéra, j'avais hâte que le rideau tombât.

Le premier acte finit à mon grand contentement, et j'entrevis madame Eugenio, qui occupait le devant d'une loge. Nos yeux se rencontrèrent tout d'un coup! N'apercevant pas le Portugais, sans doute sorti pendant l'entr'acte, je m'élançai vers la loge, plein d'ivresse. Elle était seule, et je pouvais lui serrer la main sans contrainte. Cette illusion fut de courte durée.

Tout à coup se détacha de l'ombre de la loge le Portugais, et je regagnai ma place, maudissant celui qui m'enlevait mon bonheur. Quel charme eût pris la musique de Mozart si j'avais pu l'entendre dans cette petite loge, seul avec elle !

En un instant la puissance du mari se manifesta dans toute sa brutalité, et je n'eus pas le courage de me représenter, craignant que ma figure ne portât quelques traces d'amertume.

Découragé, abattu, je recueillis un regard de madame Eugenio, qui me rappelait ma promesse. Dans ce regard se lisait : Je vous attends, pourquoi ne pas venir ?

Aussi le second acte de l'opéra me parut-il d'une longueur insupportable ; j'avais à obtenir mon pardon, à me rencontrer avec le Portugais, pour sonder ses impressions à mon égard.

Le rideau tomba de nouveau, et comme je sortais de l'orchestre avec la foule, madame Eugenio me fit un signe de tête visible. Elle faisait les premières avances, craignant que je n'osasse aller vers sa loge ; c'était en même temps me présenter à son mari. Nous nous saluâmes froidement.

— Vous venez souvent aux Italiens ? Comment trouvez-vous la débutante ?

Madame Eugenio se lança dans mille questions pour dissiper ma contrainte. Je balbutiai plutôt que je ne répondis ; la vue du Portugais figeait mes réponses dans mon gosier. Et pourtant il paraissait moins gêné que moi de cette rencontre. Madame Eugenio me faisait des questions qui avaient pour but d'engager son mari à prendre part à la conversation. Il s'y prêtait mieux que d'habitude; il ne me regardait plus comme jadis d'un œil soupçonneux et faisait visiblement des efforts pour me bien recevoir.

Après quelques paroles banales je me retirai, sans emporter de cette entrevue le résultat dont je m'étais fait une fête, et j'eus le triste courage, à la sortie du théâtre, de suivre de loin le Portugais et sa femme jusqu'au passage Radziwill.

Que les hommes sont habiles à se créer des chagrins! En une soirée je perdais le bénéfice du voile derrière lequel j'avais masqué le mari jusque-là. Je ne sais quelle force mystérieuse m'obligeait à le suivre, à étudier la façon dont il donnait le bras à madame Eugenio!

Il faut qu'il y ait un châtiment pour toute faute, car je fus châtié amèrement ce soir-là. L'effet produit par ma présence sur le Portugais était une faute; mon châtiment, je le méritais pour avoir accepté, de gaieté de cœur, une rencontre avec le mari que j'essayais d'oublier. J'avais craint de réveiller en lui des rancunes assoupies, et c'était moi, à cette heure, qui subissais des tortures jalouses qui m'avaient été épargnées jusque-là.

De livides serpents entrelacés dressant leur tête et lançant leur venin sur un être faible, sans défense, donnent à peine une idée des souffrances par lesquelles je passai quand, dans la rue de Valois, à l'endroit où vous m'avez rencontré, j'épiais le mouvement intérieur du premier étage du passage Radziwill. Les deux fenêtres éclairées tout à coup correspondaient à l'appartement du Portugais.

Je restai une heure à suivre le mouvement de cette unique lumière qui me faisait tant de mal, et quand la lumière s'éteignit, je restai encore, comme pour savourer mes souffrances et pour mieux les ancrer en moi.

XXII.

— Je ne verrai pas madame Eugenio lundi! me dis-je.

Aigri et malheureux, je voulais faire partager à la pauvre femme les souffrances qu'elle m'avait fait ressentir, et je formai le projet de quitter Paris.

Elle viendrait. Le silence seul lui répondrait. Comme la solitude avive en moi le chagrin, je priai un ami de m'accompagner le lendemain à la campagne. Le départ fut réglé à une heure.

A une heure j'étais chez moi, comptant les minutes qui me séparaient de l'arrivée de madame Eugenio. Que de lâchetés fait commettre l'amour! Je méditai un châtiment plus dur que l'absence. Je voulais faire sentir à madame Eugenio, par ma froideur, la faute qu'elle avait commise en me faisant trouver aux Italiens en face de mon plus cruel ennemi!

L'heure s'écoulait, madame Eugenio ne venait pas. Maintenant, je craignais que le Portugais, irrité de

19.

cette rencontre, ne se fût vengé en empêchant sa femme de sortir ; mille tortures s'ajoutaient à ma faiblesse.

— Misérable créature, me disais-je, ne peux-tu prouver ta volonté en fuyant !

Je faisais un tour dans la chambre et m'arrêtais tout à coup, invoquant mille sophismes pour ne pas être obligé de m'accuser trop sévèrement.

L'heure s'écoulait ; madame Eugenio n'arrivait pas ! Je me jetai sur un divan, essayant d'oublier, faisant des vœux pour ne plus penser à elle, m'ingéniant à trouver une distraction, ouvrant un livre dont les caractères flottants me fatiguaient, et ne trouvant rien pour échapper à ces angoisses.

Enfin la sonnette tinta, qui me fit pousser un cri ! C'était elle, plus charmante que jamais.

Les amants devraient être quelquefois séparés par des motifs indépendants de leur volonté. Les grands yeux de madame Eugenio me paraissaient plus grands encore, ses cheveux plus noirs, sa figure plus aimable. En la voyant, toutes mes récriminations tombèrent ; j'oubliais les tortures que j'avais subies la veille, le châtiment que je voulais lui infliger à son tour. L'âcreté qui enveloppait mon cœur fut dissipée comme les nuages que traverse tout à coup le soleil ; les serpents de la jalousie s'enfuirent en rampant. Si cruelles que soient les souffrances de l'amour, ne sont-elles pas effacées en un instant par cette étoile resplendissante, la femme aimée, qui fait oublier le fond noir sur lequel elle scintille ?

De la soirée des Italiens il ne fut pas question. A quoi bon empoisonner le bonheur présent par d'amers souvenirs?

Ensemble nous oubliions tout, parlant rarement des choses de la vie, et si quelquefois le souvenir de Thérèse se représentait, c'était comme une ombre douce et blanche, qui doucement planait au-dessus de notre amour. Cette pauvre âme, qui avait longtemps frappé à la porte de sa prison avant de pouvoir s'en échapper, nous apparaissait heureuse et souriante, ainsi que les êtres enlevés jeunes aux soucis de l'existence.

Je ne pouvais plus maintenant regarder sans attendrissement madame Eugenio, escortée par le souvenir funèbre de son amie.

Souvent je me demandais : Quel événement nous menace? Quels coups nous réserve l'avenir? Peu à peu ces funèbres souvenirs s'effacèrent et le calme reprit le dessus. Je vécus pendant trois ans, toujours épris de la charmante femme, dont l'affection ne se démentait pas.

Après une liaison de quelques années, elle était aussi aimante que le premier jour, et notre bonheur semblait devoir toujours durer.

Ce n'était pas une maîtresse exigeante. Le seul sacrifice que madame Eugenio me demanda fut de m'installer l'été à Vincennes, où elle occupait une petite maison. Elle avait besoin d'air, et je souffrais quand elle me dépeignait le triste appartement du passage Radziwill, où l'espace était ménagé si parcimonieusement.

Vous l'auriez vue marchant sur les trottoirs comme un oiseau, que vous n'eussiez pas deviné de quelle cage étroite elle sortait et le désagréable oiseleur qui la gardait.

Nous passâmes de longues heures à la campagne, elle travaillant à un ouvrage de broderie, pendant qu'à ses côtés je faisais la lecture. Ce fut encore un des heureux moments de notre liaison.

Pendant trois étés, je demeurai dans le voisinage de sa maison, séparé d'elle seulement par une rue. Avec de certaines précautions, qui aiguillonnaient encore le plaisir de nous rencontrer presque à la porte du bois, nous avions découvert un massif verdoyant et mystérieux; c'est là que nous passions nos après-midi, sans crainte d'être troublés.

L'amour donne la perception de choses qui jusque-là semblaient indifférentes. J'ai appris auprès d'elle à aimer la nature. Quel charme prennent tout à coup les arbres dont le feuillage abrite la tête d'une femme aimée! Il y avait dans ce rond-point ombreux un arbre dont le tronc donnait naissance à deux branches jumelles, qui se séparaient comme à regret et formaient un fauteuil naturel où nous nous asseyions habituellement.

Le soir, je regardais les nuages, le coucher du soleil, me demandant si le lendemain amènerait une journée favorable, car le temps menaçant me réduisait à passer mélancoliquement sous les fenêtres de madame Eugenio qui, près de la croisée, travaillait à quelque broderie; mais elle jetait un si joli coup d'œil de rancune contre la température que je revenais à mon travail le cœur content.

Nous imaginâmes encore d'autres rencontres. Madame Eugenio accompagnait sa femme de chambre au marché, pour y choisir des fleurs ; au milieu de la foule je pouvais la suivre, l'approcher et quelquefois frôler sa main de ma main, quoiqu'elle s'en défendît. Madame Eugenio prolongeait à dessein cette promenade si pleine de charme pour moi, car il y entrait un peu de comédie. Un jour je devais m'habiller correctement, un autre me montrer en négligé, cacher ma figure sous un chapeau de paille, pour ne pas être remarqué de la femme de chambre ; j'avais à m'inquiéter de ses moindres mouvements, à deviner si, penchée vers l'étalage d'un marchand, cette fille n'allait pas tout à coup se retourner brusquement. Ces petits manéges n'étaient pas sans jouissances, et je souhaitais la venue des bienheureux marchés, qui malheureusement n'avaient lieu que deux fois la semaine.

Les voitures publiques nous fournissaient d'autres occasions de rencontre. Madame Eugenio allait quelquefois à Paris donner un coup d'œil à sa maison ; pendant le trajet, il m'était permis de m'asseoir à ses côtés, de m'entretenir avec elle jusqu'au boulevard, et si le hasard voulait que nous fussions seuls, c'était la main dans la main que nous accomplissions le trajet de Vincennes à Paris.

En m'attirant à la campagne, madame Eugenio me faisait trouver Paris plus intéressant ; la tranquillité du bois, le bonheur sans inquiétudes que je goûtais près d'elle, me montraient comme un spectacle étrange la foule active, préoccupée d'intérêts et d'affaires. Combien je prenais en pitié les gens absorbés par des combinaisons d'argent, de vains rêves d'ambition, aujourd'hui que ma seule ambition était de vivre aux pieds de madame Eugenio !

Ainsi j'emportais partout son image dans mon cœur, et les études arides de droit auxquelles je me livrais étaient colorées par un doux et tendre souvenir.

L'appartement que j'occupais à la campagne donnait sur un jardinet, entouré d'une haie de sureaux, avec une porte conduisant à une avenue déserte. A de certaines heures madame Eugenio apparaissait dans l'avenue, la figure couverte d'un voile épais, et aussitôt un secret pressentiment m'avertissait qu'elle était là ; je courais à sa rencontre. Si mon hôtesse remarqua cette blanche apparition, elle témoigna assez de discrétion pour me permettre de m'en ouvrir avec elle.

Il est peu d'amants mécontents d'entendre l'éloge de celle qu'ils aiment ; la réserve avec laquelle mon hôtesse me parlait de la dame mystérieuse me permit d'amener madame Eugenio dans un petit pavillon qui, s'élançant du milieu des arbres du jardin, dominait le paysage des alentours.

Ainsi peu à peu notre liaison prenait de nouvelles attaches, comme ces plantes grimpantes, qui chaque matin donnent un jet nouveau, frêle d'apparence, se cramponnant pourtant au moindre clou. La mort de

Thérèse, qui pouvait nous séparer, semblait nous rapprocher ; maintenant nous vivions dans une joie douce et parfaite qui semblait défier les trahisons du hasard.

XXIV

Les amours tranquilles ne prêtent pas à l'intérêt, et je ne vous en fatiguerai pas plus longtemps. Qu'il me suffise de vous dire que madame Eugenio avait gardé pour moi le prestige des premiers jours. Je la voyais maintenant presque à toute heure, je désirais la voir plus souvent encore ; elle remplissait ma vie, et quoique nous n'eussions pas fait de serments notre amour n'en était peut-être que plus durable. Pourtant, au début de cette liaison, j'avais douté parfois de madame Eugenio !

Si elle se faisait attendre, inquiet, je la suivais d'un regard intérieur, me demandant si elle ne me faisait pas par pitié l'aumône d'un peu d'amour. Aussi quand, à son arrivée, elle me trouvait sous le coup de ces sombres préoccupations, était-elle étonnée de la singulière façon dont je la recevais. Quoi que je fisse pour ne pas trahir mes impressions, quelque altération paraissait sans doute sur ma figure.

— Vous me regardez étrangement ! disait-elle émue.

Je prenais ses mains, où se trahissait le moindre

tressaillement intérieur, et je plongeais dans ses grands yeux noirs, étonnés d'être étudiés avec de tels regards.

Ces soupçons, qui n'avaient jamais eu de motifs, maintenant étaient envolés.

Chaque jour ajoutait un anneau à la chaîne que nous nous plaisions à forger, et le cruel dénoûment d'un drame qui avait brisé les chaînes voisines, semblait avoir retrempé la nôtre. L'amour, sans s'effacer, s'était transformé en une tendre amitié qui suffisait à remplir ma vie. Où était madame Eugenio, je me trouvais heureux ; et le séjour à la campagne, dont j'avais redouté la monotonie, compte encore parmi les années dorées dont le brillant n'est pas altéré.

Dans la petite maison que j'habitais, au fond du jardin, se trouvait une construction rustique, couverte de chaume, à laquelle on arrivait par un escalier. Les fenêtres étaient séparées par un treillis de joncs et de troncs d'arbres qui garantissaient de la chaleur; le jour y pénétrait discrètement à travers le feuillage. Dans ce cabinet de verdure j'avais transporté mes livres. De grand matin, je me réveillais le cœur léger, songeant au petit pavillon où l'étude me paraissait moins aride ; surtout l'endroit m'était devenu sympathique par un souvenir de madame Eugenio qui, un jour, sans bruit, monta l'escalier de bois et me surprit en jetant une fleur.

Combien j'étais délassé de mes travaux de la matinée par cette douce apparition ! Avec une gaieté malicieuse madame Eugenio renversait mes livres qui encombraient les siéges, et seuls dans le pavillon, sous la verdure, nous pouvions rester sans crainte d'être observés.

Nous y avons passé de longues soirées, subissant les impressions de la nature, écoutant le silence. Dans ce pavillon, tout me parlait d'elle, le vent, les fleurs, les oiseaux qui chantaient à mon arrivée le matin, ne se lassant pas de répéter leurs chansons de la veille. Jamais le cabinet de verdure ne fut témoin du moindre dissentiment entre nous; je me rappelle pourtant avec quelle délicatesse madame Eugenio se vengea d'une petite querelle injuste. Elle descendit l'escalier sans me répondre; je la suivis, honteux de mes torts et lui demandant de ne pas me quitter fâchée.

Madame Eugenio me tint rigueur pendant la traversée du jardin, et je la croyais blessée, lorsqu'elle cueillit une feuille, y posa ses lèvres et, arrivée à la porte, me tendit la feuille en signe de réconciliation.

Ne souriez pas de ces enfantillages amoureux; j'ai gardé la feuille sèche, avec laquelle je m'enfuis précipitamment dans ma chambre, la couvrant de baisers à mon tour, essayant d'y retrouver l'empreinte des lèvres de celle que j'avais blessée par mégarde.

XXV

Le bonheur dura ainsi encore pendant deux ans, sans événements particuliers. La mort, en séparant madame Eugenio de Thérèse, avait tranquillisé le Portugais. Tout soupçon semblait éteint en lui, et sa jalousie, s'il lui en restait quelques traces, dormait profondément. Un bonheur constant semblait nous protéger; désormais plus de craintes, tout nous souriait. Jamais madame Eugenio n'avait été plus douce et plus aimante, et il y avait six ans que cette commune affection durait sans nuages !

J'étais pris cependant d'une sorte de langueur qui m'enlevait la fraîcheur de mes sensations premières. Ce n'était plus maintenant le vif rayon de soleil qui entrait avec elle dans mon appartement ; la sonnette avait perdu de son timbre caressant quand je l'attendais. Cet état particulier se manifesta par certains indices qui me faisaient souffrir. J'essayai de quelques courts voyages, trouvant en moi le germe d'un malaise, en apparence plus physique que moral. Je partais pour un mois; au bout d'une huitaine, ne pouvant vivre sans madame Eugenio, j'accourais après lui avoir écrit des lettres affectueuses qui ne pouvaient donner qu'une idée vague de l'état de mon cœur.

J'étais sincère en écrivant. Loin d'elle, j'évoquais ses exquises qualités, sa tendresse ; à peine de retour, je retombais dans le même état d'abattement. Madame Eugenio ne suffisait plus à remplir ma vie ! Que désirais-je ? Je ne le savais. Des ombres insaisissables et languissantes entouraient mon cœur de grises vapeurs.

— Vous ne m'aimez plus, me dit un jour madame Eugenio.

Je tressaillis à cette parole, lui affirmant que mes sentiments étaient toujours les mêmes; mais je ne crus pas devoir lui cacher la mélancolie qui s'emparait de moi, et me laissait sans force contre d'arides pensées.

Le mouvement extérieur n'avait plus de prise sur moi, mais la réflexion vague et sans but. Cette année fut une des plus longues que j'ai passées. Ne croyez pas que je restasse inoccupé ; j'essayais de combattre ce sourd malaise par le travail. Pour lutter et faire contre-poids à mes études de droit, je me jetai dans les sciences naturelles.

Un jour, en allant au Collége de France, j'aperçus, au premier étage d'une sombre maison de la rue Saint-Jacques, le doux regard d'une jeune fille assise auprès d'une fenêtre, en compagnie d'une femme âgée. Toutes deux travaillaient à un ouvrage de broderie. Ce jour-là je trouvai le professeur long et diffus; j'avais hâte de revoir la jeune fille au joli sourire.

La maison était un ancien couvent faisant l'angle de la rue des Mathurins. Il en reste une ogive entourée de plantes grimpantes; encadrée par ces plantes, la figure de la jeune fille m'était apparue honnête et souriante. Je la retrouvai après le cours dans la même position que le matin, travaillant à sa broderie.

Dans la rue Saint-Jacques, où passent tant de folles filles, elle inspirait un intérêt particulier cette figure de femme vouée au travail, jetant parfois un rapide coup d'œil dans la rue, mais le reportant aussitôt sur son ouvrage. A tout instant, dès lors, je passai sous ses fenêtres jusqu'à ce qu'elle me remarquât, emportant une provision de bonheur pour le reste de la journée.

Je ne demandais qu'à contempler ce frais et jeune visage sur lequel aucune trace des difficultés de la vie n'était inscrite. Je la regardais; elle me regardait en rougissant. Certains jours je voyais se dessiner contre les vitres de la fenêtre le profil de la personne âgée, la parente sans doute de la jeune fille, et je rêvais de pénétrer dans cet intérieur où les moindres objets, le costume des dames, le jardinet sur la fenêtre, indiquaient le calme.

Une nuit je fus enveloppé dans les nuages d'un long rêve et j'entendis une voix : — Il faut renoncer à madame Eugenio ! En même temps m'apparaissait le profil de la jeune fille, et la voix répétait : — Quitte madame Eugenio ! Chose étrange, j'acceptais cet ordre naturellement, sans le combattre.

Ce long rêve dura quinze jours, au bout desquels je m'éveillai sans me douter qu'une fièvre violente s'était emparée de moi, me laissant le cerveau sans conscience des tourments du corps, l'esprit toujours préoccupé de madame Eugenio et de la jeune fille.

Brusquement la maladie m'avait envahi, sans secousses apparentes, sans transition.

Le seul souvenir qui me restât de cet état était la voix qui me criait : — Il faut rompre avec madame Eugenio! tandis qu'à mes yeux reparaissait sans cesse l'image de la jeune fille de la rue Saint-Jacques.

Un matin j'aperçus madame Eugenio au pied de mon lit. Elle était venue plusieurs fois pendant ma maladie, et maintenant j'osais à peine la regarder!

Si elle avait surpris quelques paroles pendant mon délire! Sa voix, son attitude me prouvèrent qu'elle n'avait pas soupçon du fantôme qui luttait contre notre liaison et cherchait à la rompre.

Madame Eugenio revint à différentes reprises. C'était la jeune fille que j'aurais voulu voir au chevet de mon lit! Mon esprit me montrait sans cesse la rue Saint-Jacques comme but de ma première sortie. Dans mon cerveau était dessinée nettement la fenêtre ogivale de la vieille maison où m'apparut, entourée de fleurs, la jeune fille travaillant.

Ce ne fut qu'un rêve! Pendant ma maladie, les dames avaient quitté Paris sans faire connaître leur nouvelle demeure, et si ma convalescence fut attristée par cette nouvelle, ma liaison avec madame Eugenio n'en fut pas consolidée.

En ce moment, je n'avais que le désir de quitter Paris et de chercher le repos dans l'air fortifiant des montagnes. Je partis, me demandant quelle néfaste influence avait pris à tâche pendant cette maladie de me détacher de madame Eugenio, quelle était cette

voix insistante et tyrannique qui redisait sans cesse :
Il faut rompre ! J'en souffrais plus que je ne saurais
le dire.

Madame Eugenio ne m'oubliait pas. Dans chaque
ville je trouvais des lettres d'elle qui m'ordonnaient
la distraction. Elle n'était pas de ces femmes qui enchaînent un homme dans des liens tyranniques. J'ai
relu plus d'une fois ses lettres, et toujours j'y ai trouvé
les traces d'une profonde amitié. C'est ce qui me faisait saigner le cœur ! Si j'avais eu affaire à une coquette, je l'aurais quittée sans remords ; j'étais attaché à une aimable femme qui ne voulait que mon
bonheur, et il fallait que le destin entreprît de le
rompre.

XXVI

La rupture ne fut pas brusque et brutale. Une succession d'incidents, sans importance en apparence,
travaillaient lentement au fatal dénoûment. Mon
amour tombait par plâtras comme un vieux mur.

A ma physionomie madame Eugenio lisait ce qui
se passait dans mon cœur ; et pas plus que moi elle
n'eut le courage d'arracher les racines desséchées de
cet amour décoloré.

J'avais pour excuse les suites d'une grave maladie
qui pouvait avoir réagi sur mes sentiments ; mais intérieurement je me disais que la maladie n'était pas

l'unique complice, et je crus loyal de m'en ouvrir à madame Eugenio.

L'affectueuse femme rejeta cet état d'esprit sur mon isolement, mes travaux et mes fatigues, qui n'avaient pour témoins que les murs de mon appartement; elle eût voulu être plus souvent auprès de moi, quoiqu'elle sentît que le charme du début de notre liaison était envolé.

Madame Eugenio s'était montrée si résignée en connaissant mes pensées, que je plaignais maintenant la pauvre femme qui m'avait donné toute son affection, et qui en était ainsi récompensée.

Angoisses pénibles! Je sentais mon cœur dur, pétrifié. Un cœur paralysé, voilà ce que j'offrais aujourd'hui à madame Eugenio! J'estimais la femme; je ne l'aimais plus et je sentais combien la fin de cette liaison devenait pénible par son morne et lent dénoûment.

Un jour, lui prenant les mains et tâchant de faire passer dans ma voix tout ce qui me restait d'affection, je m'armai de courage et lui fis une confession sincère de mes plus secrètes appréhensions. Les larmes coulèrent des yeux de madame Eugenio, et je n'eus pas la force de retenir les miennes.

Plein de pitié pour la pauvre femme qui recevait ce coup sans un mot de reproche, j'étanchai une à une avec mes lèvres les larmes qui coulaient de ses yeux.

— Restons amis, me dit-elle avec un courage que je ne lui connaissais pas.

— Oui, toujours amis ! m'écriai-je.

— Je viendrai vous voir moins souvent, reprit-elle; mais je penserai à vous, André, et vous me ferez savoir quand mes visites vous seront agréables.

S'il a existé de ces amitiés entre un jeune homme et une jeune femme, c'est à la condition de n'avoir pas été précédées par un amour de quelques années. J'étais le premier à me révolter contre cette amitié si froide, soufflant en vain sur les tisons noircis de mon cœur pour en tirer quelques étincelles.

Pourquoi madame Eugenio ne se montra-t-elle pas indifférente?

Une après-midi elle ne me trouva pas chez moi. Une lettre expliquait mon absence. Dans cette lettre, je mettais à nu mes pensées les plus intimes; j'avais écrit pour que l'émotion ne me gagnât point.

Le soir, je ne trouvai plus la lettre et je fus pris d'un serrement de cœur.

Tout est fini ! m'écriai-je.

Ainsi se dénouait froidement une liaison qui me pesait; et pourtant, malgré cette rupture, madame Eugenio m'apparaissait encore entourée d'un doux rayonnement.

Je n'eus pas de ses nouvelles pendant un mois. Singulière machine que le cœur de l'homme ! Il rejette brutalement une affection qui le gêne, et souffre d'en être privé. J'ai souvent essayé de déchiffrer au dedans de moi-même ces caractères confus dont l'étude est toujours nouvelle, et je n'y ai trouvé, avec la pitié pour l'être fatalement sacrifié, qu'une vague estime malheureusement plus durable que l'amour.

— Pourquoi les femmes n'aiment-elles pas toujours? me demandai-je quand je fus trompé cruellement au début de la vie.

Maintenant, je répétais avec amertume : — Pourquoi l'homme se fatigue-t-il d'aimer? Question qui ne trouvait d'autre réponse que la négation de mon amour.

Fallait-il voir dans ce lien brisé une sorte de châtiment mystérieux qui atteint chaque être qui a mal placé ses affections? Mes affections avaient été pleinement satisfaites; et c'est ce qui causait mes remords.

Je ne vous ai pas exposé cette liaison dans tous ses détails pour satisfaire ma vanité. Madame Eugenio souffrait; voilà ce que j'aurais voulu lui éviter. Je souhaitais qu'elle m'eût quitté la première, qu'elle devînt le bourreau et moi la victime.

XXVII

Pourquoi prolonger ce triste récit? Madame Eugenio me demanda ses lettres; je les lui rendis. Nous nous revîmes encore une fois après un mois de séparation, avec quelques élans qui me montrèrent encore plus clairement le vide qui s'était fait dans mon cœur.

Je restai désormais seul et abattu. Le souvenir de

madame Eugenio s'éteignait lentement et prenait des teintes effacées, sourdes et mélancoliques.

Un an plus tard je rêvai à elle, une nuit. — Si je pouvais la revoir! me disais-je.

Le croirez-vous? Je la rencontrai dans l'après-midi sur le boulevard. Elle rougit, je pâlis. Un frisson s'empara de tout mon corps.

Madame Eugenio comprit que, malgré mon émotion, j'allais m'avancer vers elle; elle m'arrêta d'un regard à la fois ferme et suppliant.

Honteux de ma situation, je m'enfuis plein de remords. — Misérable, me disais-je, voilà la femme que tu as abandonnée et qui te trouble encore!

L'amour vengeur venait de s'emparer de moi. A tout prix je voulais revoir madame Eugenio!

Je passai la nuit, agité, me reprochant de n'être pas allé à elle pour lui demander pardon de mon abandon. Mais je ne puis vous dire le bondissement de mon cœur quand le lendemain je reçus ce mot : « *Pourquoi me poursuivre encore?* »

Il n'y avait rien de plus dans le billet, dont les caractères me causèrent un tressaillement douloureux. J'y répondis aussitôt, non pas avec la même brièveté. L'amitié et l'estime que j'avais conservées pour madame Eugenio débordaient à chaque ligne.

Après quelques lettres, elle revint de nouveau; ce fut notre dernière rencontre. Quand elle sonna, je crus entendre les anciens tintements du passé.

Hélas! ce sont de tristes jouissances que celles où le cœur n'a plus de part et saigne de sa propre sécheresse. L'être sacrifié ne souffre peut-être pas autant que celui qui abandonne ; des deux côtés ce sont deux cilices à porter, l'un aigu, qui fait pousser des cris de désespoir, arrache des larmes cuisantes ; l'autre qui vous laisse morne, le cœur sec, croyez-vous qu'il ne soit pas plus poignant ?

Ici, André s'arrêta. — Ah ! l'amour ! s'écria-t-il.

Nous étions arrivés à un carrefour du bois où se dressait un arbre élevé ; les feuilles en étaient jaunes et maladives.

— Cet arbre était plein de force, dit André ; voyez ce qui le fait périr.

Il me montra alors des trous noircis comme par le feu, creusés comme par une vrille, qui serpentaient de tous côtés, communiquaient les uns aux autres, combinés avec autant d'art que des mines ; tous semblant dirigés avec une rage implacable par une armée de destructeurs obéissant à un mot d'ordre.

— C'est l'image de mon cœur ! s'écria André.

Paris, 1862.

LES BRAS

DE

LA VÉNUS DE MILO

LES BRAS DE LA VÉNUS DE MILO

I

Il faudrait avoir vu l'illustre savant berlinois, M. Protococus, en face de la Vénus de Milo, alors qu'il vint pour la première fois à Paris : les échos des salles basses du Louvre où sont reléguées les statues ne répondirent pas souvent à un tel enthousiasme.

C'était avec des yeux plongeants que M. Protococus regardait la calme déesse. Un voile si léger qu'il fût eût fait tressaillir la Vénus si ses lignes harmonieuses n'eussent empreint sa nudité de chasteté ; dans sa pudeur elle pouvait se laisser regarder par le savant archéologue dont les sourcils exaspérés s'avançaient en forme de toit de chaume sur des yeux gris et sondeurs.

Le gardien, assis sur une banquette de la salle voisine, eut une vision. En face de la Vénus de Milo un être bizarre s'efforçait d'imiter l'attitude de la statue. Sa houppelande de voyage ne l'y prédisposait pas absolument, non plus que sa taille. M. Protococus déposa la houppelande sur la banquette, et tendit ses membres par une volonté extraordinaire.

L'habit noir râpé, la cravate blanche, le chapeau à grands bords, un pantalon tirebouchonnant autour de jambes d'araignée, ne prêtaient qu'à une ressemblance indirecte avec la Vénus, ce qui n'empêcha pas M. Protococus de plier son épaule dans le mouvement de la statue.

Un *hum!* de satisfaction qui s'échappa de la poitrine de l'archéologue prouva au gardien que son rêve était une réalité.

Pourtant l'homme préposé à la garde des statues avait vu plus d'une bizarrerie se produire dans les salles des antiques.

C'étaient des familles d'honnêtes provinciaux qui, se croyant descendus au royaume des ombres, marchaient sur la pointe des pieds et se retiraient en silence, craignant de réveiller cette population muette.

Des archéologues toisaient les statues avec un mètre et inscrivaient sur leur carnet, avec une satisfaction visible, la taille respective des Dieux et des Déesses; quelques-uns, poussant plus loin leurs investigations, demandaient leur poids.

Avec de certains touristes étrangers, le gardien devait prendre garde qu'un petit marteau, sortant tout à coup de leurs manches, n'enlevât quelque fragment d'un marbre célèbre.

D'autres, attirés par d'agréables rondeurs de formes, caressaient volontiers les statues féminines, malgré l'impératif *Ne touchez pas S. V. P.*, qui est le premier article du code de toute collection publique.

De jeunes demoiselles, sorties de pension, copiaient journellement à l'estompe les plus célèbres statues du Musée sans qu'il fût possible de savoir si leurs dessins s'appliquaient à Apollon ou à Minerve. Pleines de bonne volonté, elles appliquaient à la reproduction d'un chef-d'œuvre quelconque le peu qu'elles avaient appris avec leurs sous-maîtresses, et si ce peu laissait à désirer, le commerce de ces jeunes demoiselles avec l'art antique était innocent.

On voyait parfois des enthousiastes de la statuaire grecque se planter devant un marbre, la main devant les yeux, restant dans cette position à méditer sans doute sur la grandeur du siècle de Périclès. Ils goûtaient les chefs-d'œuvre de la statuaire, comme les véritables dilettante écoutent l'orchestre du Conservatoire, sans regarder. Ce système de contemplation n'était pas défendu par le règlement du Musée.

Il en était qui collaient leurs oreilles à l'embouchure des vases, comme si des voix souterraines devaient leur transmettre des oracles. Le règlement n'avait pas prévu le vase considéré comme pythonisse : pourvu que l'oreille n'effleurât pas le col de ces vases, les gardiens laissaient en paix les écouteurs.

Mais aucun d'eux n'avait vu un Protococus en face d'une Vénus, se poser sur un pied, arrondir un bras et plier l'autre de telle sorte que tantôt il parût coupé, tantôt au contraire, il fit une courbe caressante et esthétique. Non, les archéologues, les demoiselles s'escrimant à l'estompe, les iconoclastes avec leurs marteaux de géologues, les touristes galants, les provinciaux égarés, n'avaient jamais donné pareil spectacle à l'ancien militaire, gardien du Musée, qui n'était pourtant pas un observateur de première force. Véritablement, même pour les gens à qui manque le sens de la correction des lignes, M. Protococus semblait une grenouille voulant devenir aussi belle que la Vénus de Milo.

Le savant berlinois s'était débarrassé de son chapeau en même temps que de sa houppelande. Ce chapeau, dont les étudiants allemands avaient fait cadeau au célèbre archéologue pour sa fête, ressemblait peut-être plus à la coiffure de la Vénus que le crâne du savant autour duquel avaient adhéré quelques poils roux clair-semés : crâne carré et massif comme celui d'un bœuf, avec assez de bosses pour figurer un plan en relief de montagnes et de vallons.

— Voir la Vénus de Milo et mourir! s'était souvent écrié en chaire M. Protococus.

Il la voyait et il ne tombait pas inanimé aux pieds de la déesse. Mais, suffisamment saturé de jouissances idéales, M. Protococus sortit du Musée et commanda à une taverne anglaise voisine un repas correspondant à la somme d'exquises sensations qu'il avait amassées pendant sa visite au Louvre. Menu composé d'une douzaine d'œufs durs pour hors-d'œuvre, de langue fumée, d'un cuisseau de chevreuil avec addition d'un pot de gelée de groseille, et pour boisson, un délicieux mélange dans une même bouteille de vin de Médoc et de champagne.

Il se nourrissait bien le corps et l'esprit, M. Protococus! Aussi considéré comme archéologue, en Allemagne, que son prédécesseur, M. Panofka, il n'en passait pas moins pour une des plus solides fourchettes de Berlin, et c'était à lui que pouvait s'appliquer le mot : La science creuse. »

II

Quand les savants français apprirent l'arrivée à Paris du célèbre Protococus, naturellement une agitation se produisit dans le monde respectable de l'Académie des inscriptions, et les gazettes spéciales informèrent leurs lecteurs des projets de l'archéologue berlinois, à savoir qu'il se dérangeait exclusivement pour la Vénus de Milo.

Jusque-là la déesse n'avait révélé son secret à personne; mais M. Protococus avait fait ses preuves avec la plupart des divinités féminines. Séducteur de première force en matière archéologique, il avait publié une série de mémoires desquels il résultait que ni l'impétueuse Junon, ni la vive Minerve ne lui avaient tenu rigueur.

Ayant vécu longtemps dans l'intimité de ces personnes difficiles, M. Protococus les avait confessées pour ainsi dire. En effet, il y avait du prêtre dans l'ensemble du Berlinois : son crâne, quand il le recouvrait d'une calotte de velours noir, faisait penser à un être attaché à une sacristie, et ses pointes de cheveux roux qui s'avançaient en aiguilles au-dessus des oreilles semblaient avoir échappé à une tonsure immense.

Les jeunes gens à la mode peuvent sourire de ces vieillards : ceux-ci en savent plus qu'eux sur la femme, et si on enfermait tour à tour l'un et l'autre avec une séduisante créature, le beau jeune homme sortirait accablé et mélancolique, quand le bonhomme quitterait la place, gaillard et triomphant.

Les adversaires de M. Protococus lui reprochaient bien de folâtrer avec des naïades, des hamadryades et autres nymphes de petite condition ; ils regrettaient, disaient-ils, qu'un homme de sa distinction se laissât entraîner à des aventures de bas étage. Pure jalousie de savants. A ceci, M. Protococus répondait que des expériences *in anima vili* étaient nécessaires à l'exercice de son art, et qu'un cadavre de fille de joie est le même pour un chirurgien que celui d'une princesse, comparaison favorite à l'archéologue qui, ayant adjoint à son bagage scientifique quelques déclamations révolutionnaires, était arrivé, grâce à ces deux qualités, au pinacle de la réputation berlinoise.

Qu'importaient, après tout, certaines galanteries de carrefour avec d'agréables filles de la Mythologie, si le savant réservait le plus pur de son encens pour la Vénus de Milo !

— Monsieur Protococus, lui dit le président de l'Académie des inscriptions, notre déesse n'a qu'à bien se garder.

Pour l'arrivée de l'illustre archéologue, une fête d'un ordre particulier fut donnée dans le Musée des Antiques, grâce au concours de l'intendant des Beaux-Arts.

La France est accueillante et ne s'inquiète pas des vanités germaniques. M. Protococus était reçu en souverain dans le Louvre. Son entrée au Musée fut triomphante.

En tête du cortége marchaient les gardiens porteurs de torches. Derrière eux s'avançait l'intendant en habit rouge à la française, les culottes dessinant des formes irréprochables, qui n'avaient pas été absolument étrangères à sa nomination. A ses côtés se tenait M. Protococus, calotte noire sur la tête, ficelle blanche au cou et habit râpé, rehaussé de toutes les décorations connues, depuis celle du Lion vert jusqu'à l'anneau d'Honolulu, que le cérémonial diplomatique enjoint de porter attaché aux narines, mais que, par tolérance pour la science, le souverain avait permis au Prussien de fixer par un fil à l'oreille droite.

Tout un peuple d'illustres goutteux, rhumatisants et possesseurs d'autres infirmités gagnées au service de la science, suivait cette marche aux flambeaux, réservée d'habitude aux grands conquérants. Les académiciens de la section des inscriptions ne s'étaient jamais trouvé à pareille fête ; même ceux qui, en secret, jalousaient M. Protococus, reconnaissaient qu'une telle cérémonie, donnée en l'honneur de l'Allemand, était, après tout, un tribut glorieux payé à la science, jusque-là trop dédaignée.

Arrivé aux abords de la statue, l'intendant des Beaux-Arts fit signe à M. Protococus de s'asseoir sur un fauteuil ; lui seul prit place à ses côtés, pendant que les porteurs de torches se tenaient immobiles près de la Vénus.

La statue avait été placée sur un socle mobile, de telle sorte que M. Protococus pût, sans se déranger, examiner l'harmonie des lignes sous leurs divers aspects.

Au loin, un orchestre discret composé de harpes et d'instruments à cordes faisait entendre des mélopées éoliennes composées expressément pour la circonstance par un compositeur élevé dans la petite église d'Ary Scheffer : bruissements angéliques qui plaisent particulièrement aux dames sentimentales.

Cette émouvante cérémonie n'était pas sans quelques rapports avec les rêves antiques.

— Ah ! s'écria M. Protococus, si le conseiller Wolfgang de Gœthe avait pu jouir d'un pareil spectacle !

Semblable à une chaste fiancée, la Vénus de Milo se tenait, pleine de réserve, en face de M. Protococus, appelé par sa réputation à prendre possession d'elle.

— Comment la trouvez-vous ? lui demanda à voix basse l'intendant des Beaux-Arts, se regardant comme le plus proche parent de la Vénus.

M. Protococus, trop ému pour répondre, serra fortement les mains de l'administrateur.

Cette scène, traversée par la lueur des torches de

résine, faisait apparaître la Vénus sous un aspect fantastique qui troublait le Berlinois. Des ombres équivoques se logeaient à de certains endroits qui communiquaient au marbre une expression particulière, d'un sensualisme effarouchant.

— Nous allons vous la montrer sous une autre face, dit l'intendant à son hôte.

L'autre face troubla absolument M. Protococus qui ferma un œil; mais l'autre œil, plus coquin, regardait pour les deux. De telles beautés, auxquelles le clair-obscur des torches communiquait des sensations mystérieuses et affriolantes, rendaient, comme dans les émotions extrêmes, la gorge sèche à l'archéologue. Il avait besoin de faire appel à toute sa volonté pour garder ses bras serrés contre le corps; si M. Protococus avait manqué de fermeté, ses mains brûlantes ne demandaient qu'à s'élancer en avant, avides de palper d'admirables contours.

L'intendant des Beaux-Arts suivait avec attention les anxiétés qui pointaient sur la physionomie du Berlinois.

— Assez! murmura M. Protococus d'une voix semblable au *je me meurs* qu'entendent parfois les cochers de fiacre.

Sur un signe de l'intendant, les torches s'éteignirent, et les membres de l'Académie des inscriptions éprouvèrent une certaine anxiété. La passion que M. Protococus affichait si publiquement pour la Vénus dans divers mémoires autorisait-elle la direction des Beaux-Arts à laisser déshonorer la statue par les étreintes d'un savant considérable, sans doute, mais dont la moralité était d'un vieux singe.

L'oppression qui pesait sur tous ces défenseurs de la chasteté ne cessa que lorsqu'un jet de lumière électrique, parti du fond de la salle, projeta ses rayons sur la statue et la lava des ombres malséantes produites sur les beautés cachées de sa personne. Alors elle reprit son caractère de pureté archaïque ; et son attitude rappela M. Protococus à la froide raison.

Sous le coup de ces jets de lumière, un murmure d'enthousiasme s'échappa des poitrines oppressées ; la Vénus reparaissait marmoréenne et immaculée.

Pendant une huitaine, les journaux berlinois ne tarirent pas sur la suprématie de la science allemande, reconnue publiquement par l'accueil fait en France à M Protococus, son plus considérable représentant.

III

Il est peu de grands hommes sans détracteurs. M. Protococus, le porte-lumière de la science rationnelle allemande, avait fort à faire pour protéger la lanterne qui illuminait ses travaux. Auprès de cette lanterne se tenait un certain Graefe, de la Bavière rhénane, qui, amoncelant sans cesse des nuages de science opaque, cherchait à en empêcher le rayonnement. Ce Graefe, disciple de Kreutzer, symbolisateur à outrance par conséquent, ne regardait la réalité et les faits les plus tangibles que comme un tremplin à l'aide duquel il s'élançait dans le monde des visions.

Le rédacteur de la *Feuille de Hall,* après la mention de la fête donnée au Louvre en l'honneur de M. Protococus, ayant exprimé le regret que les bras eussent manqué à la statue pour recevoir plus dignement son visiteur, l'imagination de M. Graefe se monta à tel point que dans une seule nuit il écrivit quatre-vingt-quatorze feuillets in-quarto pour prouver que la Vénus de Milo était sortie sans bras du ciseau du sculpteur grec. C'est ce qu'en archéologie on appelle un point de vue. M. Graefe affirmait que le statuaire, mécontent de divers mouvements qu'il avait imprimés aux membres de la statue, avait jeté son maillet au travers de l'œuvre, en s'écriant :

— Je te condamne à rester une Vénus inférieure : tu n'auras pas de bras.

Les anciens, suivant le système de M. Graefe, voulaient que chaque statue représentât un symbole. Ils avaient laissé des Vénus genitrix, des Vénus victrix, des Vénus Anadyomènes, des Vénus célèbres par quelque perfection particulière comme la Callipyge, ou des Vénus bizarres comme l'Hermaphrodite. La Vénus de Milo était une anomalie, un être né sans bras, une œuvre manquée, et les meurtrissures qu'elle portait aux flancs prouvaient l'acte de désespoir du statuaire victime de son idéal. Pline avait noté de semblables traits de désespoir artistique, à commencer par le peintre qui fit une merveille de naturalisme en jetant aux naseaux d'un cheval emporté son pinceau, dont les éclaboussures produisirent une écume merveilleuse que l'art eût été impuissant à rendre.

En d'autres temps, le mémoire de M. Graefe eût passé inaperçu, et le ballot d'exemplaires expédié à MM. Haar et Steinert, correspondants, à Paris, des librairies allemandes, fût resté au fond de leur magasin, si M. Protococus n'avait relevé la balle. Il publia en français et en allemand un mémoire démontrant victorieusement que la Vénus de Milo avait possédé ses bras. Tout l'indiquait : des marbres analogues dans la même position, des médailles.

On fait grâce aux lecteurs de l'analyse de cette brochure hérissée de notes, notules, contre-notes qui formaient les cinq sixièmes de la brochure. Annoncé comme un simple fragment de la question, ce mémoire n'en faisait pas moins défiler les Vénus nues et celles à demi voilées, les Vénus qui se profilaient seules sur un socle et celles auxquelles étaient adjointes des figures d'Amours ou de Dauphins. Diverses pages étaient consacrées aux Vénus au bain, accroupies, à la colombe, endormies, à celles qui avaient emprunté leurs titres, soit aux villes où elles avaient été trouvées, soit aux monuments qu'elles ornaient, comme la Vénus du Capitole, de Gnide, la Vénus de Médicis, de Gabies, de Chypre, d'Arles ou de Troas.

Ah! il connaissait ses Vénus sur le bout du doigt, M. Protococus! Il n'existait pas en Europe un savant capable de lui en remontrer. Et, comme d'un mot, il en pointait les charmes divers, faisant valoir, d'ail=

leurs, la Vénus de Milo, qui, suivant lui, l'emportait sur toutes ses rivales, faisait pâlir leur beauté, et, seule, méritait la pomme !

IV

La France a conservé un fonds de galanterie qui fait que tout homme ayant dépensé sa fortune ou sa science au service des femmes est toujours en passe d'arriver.

Une sinécure fut créée au Musée des antiques pour M. Protococus, et le ministère des Beaux-Arts lui alloua une bonne somme afin de l'indemniser des voyages et des travaux, que, disait-il, il avait à faire pour rendre un culte complet à la Vénus de Milo. C'était la meilleure réponse aux attaques jalouses de M. Graefe.

Quoique la boîte osseuse de M. Protococus fût carrée comme celle d'un bottier allemand, la Vénus de Milo y tenait une grande place : c'était un hôte incommode, car elle s'agitait autant la nuit que le jour, se démenant comme si elle avait possédé ses bras. Malgré son apparence de sérénité, la Vénus avait la coquetterie des femmes qui veulent qu'on s'occupe d'elles, sans cesse et toujours, à l'exclusion de leurs rivales.

Au coin de son feu, une longue pipe de porcelaine à la bouche, M. Protococus cherchait, dans les flocons de fumée, comment il arriverait à répondre aux exigences d'une déesse presque aussi tyrannique que Junon.

Quelques savants avaient avancé que la Vénus n'était pas une personne vivant dans la solitude, et que jadis elle avait eu à ses côtés un compagnon jeune et beau, disparu en même temps que les bras de la déesse.

Quoique les fouilles dans l'île de Milo n'eussent fait découvrir nulle trace de l'homme, la plupart des archéologues étaient d'accord que la Vénus si chaste avait eu son cavalier servant. C'est pourquoi, chaque matin, M. Protococus allait rendre visite à la Vénus de Milo, l'honorant des nuages de fumée de sa longue pipe qu'en sa qualité d'attaché au Musée des antiques il pouvait promener impunément dans les galeries avant l'arrivée du public.

Ces contemplations n'eussent peut-être pas abouti si M. Protococus n'avait rencontré au Louvre un jeune garçon qui, avec activité, modelait en cire un basrelief. Le sculpteur apportait à sa besogne une application telle, qu'il ne s'aperçut pas tout d'abord qu'un homme rôdait autour de lui, regardant avec curiosité la cire flexible se ployer sous ses doigts.

Michel ne payait pas absolument de mine. Ainsi que certains artistes qui poursuivent l'idéal du beau, il était grêle, mal bâti; mais ses yeux gris bordés de cils noirs regardaient avec une expression singulière et semblaient plonger jusqu'à l'âme des œuvres d'art. Les vêtements ne relevaient pas la mine du sculpteur; habillé d'une vareuse de gros drap, une ceinture de cuir serrait son pantalon aux hanches, et de gros souliers complétaient son costume.

Ayant étudié l'homme à diverses reprises, M. Protococus entra en matière, se fit connaître comme enthousiaste de la déesse qu'il appelait la *Fénus*, et troubla d'abord Michel en lui parlant du compagnon qui manquait à la statue.

Les artistes sont médiocrement érudits et manifestent volontiers des sentiments hostiles pour les visées des archéologues, un titre trop majestueux et trop grec pour leurs oreilles.

Ce que la Vénus avait pu faire de ses deux bras, Michel ne s'en était jamais inquiété. La statue était belle, malgré ses mutilations; Michel l'avait toujours vue de la sorte. Élevé dans l'admiration d'un fragment, Michel possédait la foi robuste et naïve des croyants à qui la discussion est chose superflue.

Il s'amusa même avec ses camarades d'atelier du « pot-à-tabac allemand » qui lui tenait d'étranges discours; et il était plaisant à entendre contrefaire le baragouin de l'archéologue qui n'avait que la *Fénus* à la bouche.

Un matin que Michel arrivait de bonne heure au Louvre, M. Protococus lui annonça mystérieusement qu'il allait lui montrer le compagnon de la Vénus, celui qui avait été assez heureux pour faire partie du même socle.

Et il conduisit le sculpteur en face de la statue connue sous le nom de Mars Borghèse.

Michel regarda tour à tour M. Protococus et le Mars,

se demandant s'il était victime d'une plaisanterie allemande. L'archéologue parlait sérieusement; il le prouva en entraînant le sculpteur en face de la Vénus, et en lui donnant une représentation au naturel du groupe dans lequel il le forçait de devenir acteur. M. Protococus, posant un mouvement semblable à celui de la déesse, appuyait sa main sur l'épaule de Michel.

Le sculpteur continua à croire qu'il avait affaire à un halluciné, jusqu'au jour où la conviction de M. Protococus le gagna. Extraordinairement grotesque à première vue, le savant berlinois changeait de physionomie aux yeux de ceux qui étaient admis dans son intérieur. Ce fut là que Michel, qui gagnait de jour en jour dans les bonnes grâces du Berlinois, put contempler le capharnaüm particulier aux sectateurs de la science.

Dans une vieille maison du quartier Saint-Sulpice, au fond d'une grande cour où poussait l'herbe, un large escalier de pierre, avec sa grille de fer curieusement ouvragée, conduisait à l'appartement de M. Protococus.

Quand Michel ouvrit la porte, il se trouva en face de murailles d'in-folios qui formaient des rues, des ruelles dans la vaste pièce; pour des impasses, il y en avait partout, ainsi que des barricades. L'érudition avait amoncelé, sur les chaises et les fauteuils, des montagnes branlantes de livres qui gagnaient jusqu'au plafond; de longues tables étaient chargées de brochures, de revues de tous les coins du globe. Le seul

endroit qui fût à peu près respecté par les livres était
un ancien paravent, entre les feuilles duquel faisaient
pendant, comme deux fiancés se regardant face à face,
les moulages de grandeur naturelle de la Vénus de
Milo et du Mars.

Ce fut alors que M. Protococus fit part à Michel de
son projet, qui était de restituer à la France un monument précieux, en rassemblant les deux statues par
un lien artistique indestructible.

Quoique Allemand, M. Protococus savait être, à l'occasion, prodigue de compliments. Il exalta les mérites
du jeune sculpteur dont il suivait depuis trois mois
les études. L'occasion était venue pour un artiste de
montrer qu'il comprenait la hauteur du génie des anciens. Et c'était sur Michel que M. Protococus avait
jeté les yeux pour la reconstitution du célèbre groupe
qui devait, en cas de réussite, immortaliser l'homme
assez habile pour répondre aux vœux des sectateurs du
grand art.

La direction des Beaux-Arts pourrait-elle désormais
laisser à l'écart l'homme capable de rendre la vie à des
figures sur la tête desquelles pesait un morne isolement? M. Protococus se faisait fort d'obtenir un atelier
dans le Louvre au statuaire qui entreprendrait un tel
travail.

L'amorce et l'hameçon de la louange étaient si habilement joints pour pénétrer dans l'esprit de Michel,
qu'il accepta.

Un atelier au Louvre! Ses camarades en crèveraient
de dépit.

V

Dès lors Michel vécut en tiers avec la Vénus de Milo et le Mars Borghèse, envisageant ces statues d'un autre œil que par le passé. Il semblait que sur son nez étaient posées les lunettes de M. Protococus. Se sentant devenir tout à fait germanique, Michel buvait des quantités considérables de bocks de Bavière, et le soir, discutait sur les principes du Beau antique, avec l'animation particulière aux habitués des brasseries de Munich.

L'atelier du Louvre étant prêt, Michel en prit possession et le meubla des meilleurs fragments de l'antiquité. La première huitaine se passa à échafauder des armatures solides, squelettes obligés des figures les plus délicates.

Pour mieux se rendre compte de l'effet, Michel, d'accord avec son protecteur, commença à exécuter d'abord son groupe du double de la grandeur des figures : le tout devait former un morceau de sculpture considérable, et c'était déjà une jouissance pour M. Protococus de voir les pains de terre s'étager les uns sur les autres et former un amoncellement respectable.

Le Berlinois rayonnait en songeant qu'enfin ses désirs allaient se réaliser; cependant il n'était pas sans fatiguer de conseils son protégé, tellement que Michel le pria de le laisser travailler seul s'il voulait que son imagination pût passer tout entière au service de la Vénus.

Il fut convenu que M. Protococus laisserait le sculpteur à ses méditations ; il ne devait revenir voir le progrès du travail de l'artiste que quand celui-ci le jugerait à propos. Dès lors Michel travailla en paix, poussé par des rêves de gloire qui le faisaient pétrir la terre quelquefois pendant dix heures sans s'inquiéter des récriminations de son estomac.

Un mois après son entrée au Louvre, les deux statues commencèrent à se dégager de la glaise, et Michel pensa que la Vénus et le Mars feraient bon ménage aux yeux du public, et qu'ils paraîtraient absolument faits l'un pour l'autre, le guerrier n'ayant pour tout vêtement que son glaive, la déesse que sa pudeur.

Malgré une apparence de froideur à laquelle ne sont pas habitués les modernes : — Il est bien à moi! semblait s'écrier la Vénus en appuyant sa main sur l'épaule du guerrier.

Le Dieu Mars montrait plus de retenue ; indécis, il ne connaissait pas encore le pouvoir de sa mâle jeunesse. Il est certain que les deux personnages manquaient de l'expression que le christianisme a communiquée à la chair, tout en la morigénant : ces statues païennes, qui de la nudité avaient fait un voile, ne devaient communiquer que de chastes sensations au public. Leur tranquillité amoureuse faisait penser aux plaisirs charnels de certains animaux dont les rapprochements, qui se produisent naturellement à la face du soleil, choquent à peine les dames.

Ces idées préoccupaient Michel qui, à mesure qu'il pénétrait dans l'esprit de ses modèles, s'efforçait de se débarrasser de la couche de moderne qu'ont badigeonnée, à l'intérieur de l'homme civilisé, le climat, les mœurs et les coutumes. Le sculpteur s'endormait avec des visions antiques qui tourbillonnaient autour de sa couche et rendaient son sommeil transparent et marmoréen. C'était avec joie que Michel se rendait chaque matin au Louvre, heureux de revoir son travail de la veille, abandonné souvent à la nuit tombante.

Un matin que le sculpteur enlevait de son groupe les linges destinés à conserver l'humidité nécessaire à la terre, il cligna de l'œil. Il semblait à Michel que sa Vénus avait l'épaule gauche un peu prononcée et qu'elle s'appuyait avec une insistance trop marquée sur le Mars.

Le sculpteur fronça le sourcil.

— Voilà, pensa-t-il, un mouvement inconvenant étranger au caractère de la Vénus.

Il grimpa aussitôt à son échafaudage, enleva de la terre à l'endroit mal venu, et rendit à l'épaule de la déesse la chaste tranquillité qui lui convenait.

Pour prendre un bain de pureté, Michel alla au Musée des Antiques pendant une huitaine. Semblable à ces lutteurs de profession qui se condamnent à de longs jours de chasteté avant de combattre, Michel en était arrivé à fermer les yeux sur les beautés de rencontre avec lesquelles, jadis, il se laissait entraîner à de folles danses à la Closerie des Lilas : ces filles, qui répondaient trop complaisamment aux étreintes de leurs danseurs, froissaient la délicatesse du sculpteur, maintenant qu'il vivait dans la contemplation de la pureté antique. Surtout le dernier mouvement que Michel avait été obligé de modifier, ce geste insolite qu'il dut corriger, lui prouvaient qu'il n'était pas digne encore de pénétrer dans la pensée des anciens maîtres; c'est pourquoi désormais le sculpteur rechercha la société des chefs-d'œuvre de l'antiquité, trouvant une sorte de famille au milieu de ce peuple de marbre dont les physionomies, les gestes, les joies et les douleurs sont empreints d'un calme inaltérable.

Michel fut payé de cette austérité par des réveils où des mirages de beauté se présentaient aussi agréables à ses yeux que les proportions enfantines d'un nouveau-né dont la mère enlève chaque soir les langes.

Il faut savoir lire dans les lignes du corps humain. Michel connaissait par cœur chaque détail de la Vénus et les beautés plus sévères du Mars. Ses yeux avaient acquis une délicatesse qui lui faisait voir ce qui échappe aux profanes. Aussi, à quinze jours de là, le sculpteur fut-il désagréablement surpris en trouvant, cette fois, l'épaule droite de la Vénus exhaussée de telle sorte qu'elle faisait penser à un fâcheux mouvement de personne entraînée par ses sens. D'un bond, Michel sauta sur l'échafaudage et pesa fortement sur cette épaule qui l'irritait comme si, dans un accès d'ivresse, il se fût livré à des actes répréhensibles.

— Oh! s'écria-t-il avec un ton de reproche profond.

Inquiet, le sculpteur se voila la face, se demandant si une trop grande tension archaïque ne produisait pas des fatigues qui l'empêchaient de voir et d'exécuter. Certainement sa main se relâchait sans qu'elle en eût conscience : misères qui rendent les artistes aussi soucieux qu'un armateur dont les navires signalés n'arrivent pas au port.

Michel se désespérait de la fausse note qu'il avait donnée; il l'effaçait, elle ne s'en était pas moins produite. Il en avait donc en lui beaucoup de ces fausses notes qui accablent l'artiste, troublent ses nuits, rougissent ses paupières et lui font demander s'il n'eût pas mieux fait d'exercer la profession de teneur de livres.

Maintenant le sculpteur se surveillait, veillant à ce que son cerveau et sa main fussent d'accord pour rendre sa pensée et produire l'harmonie entre la Vénus et le dieu Mars. Jadis, il arrivait à son atelier, gai comme un oiseau qui, aux premiers rayons du jour, bat de l'aile sous la feuillée ; à cette heure il ouvrait la porte lentement et déroulait avec hésitation les linges de son groupe, se demandant si un affreux gnome n'avait pas poussé son bras la veille pour gauchir son travail et affaiblir la pureté de conception qu'il avait dans le cerveau.

— Nom de D...! s'écria Michel, un matin, avec un tel éclat de voix qu'il dut être entendu par les passants dans la cour du Louvre.

En débarrassant le groupe de ses linges, Michel avait trouvé sur l'épaule de la Vénus une motte de terre glaise encore humide.

Ce n'était pas lui qui avait laissé, la veille, cette terre! Il la regarda attentivement. Des traces de doigts maigres et crochus avaient laissé leur empreinte, sans rapport avec les mains nerveuses du sculpteur.

— Jérôme! s'écria-t-il en ouvrant la porte de l'atelier. Jérôme!

Le portier du pavillon voisin de l'atelier accourut.

— Quelqu'un entre ici pendant mon absence? demanda Michel d'un ton impératif.

Le portier baissa la tête ; mais le sculpteur répliqua d'un ton si menaçant, que l'homme avoua, en tremblant, que M. Protococus, depuis quelque temps, prenait de grand matin les clefs de l'atelier.

— Allez chercher M. Protococus, tout de suite.

Le portier, heureux d'échapper à ces interrogations, disparut et revint bientôt accompagné de l'archéologue. Michel ayant congédié Jérôme :

— Vous avez touché à cette statue? s'écria le sculpteur.

Un sourire de satisfaction s'attacha un moment à la physionomie de l'Allemand, sourire qui presque aussitôt fit place à une réserve mélangée de quelque inquiétude.

— Vous avez travaillé à ma statue, reprit Michel dont les yeux lançaient des éclairs.

— Si peu, ce matin..., bégaya M. Protococus.

— Non, pas ce matin seulement... A diverses reprises vous vous êtes introduit dans mon atelier, détruisant mes études de la veille.

Le Berlinois s'arc-bouta sur ses jambes.

— La *Vénus* est mieux ainsi, dit-il en se penchant vers le Mars... Là... Ne trouvez-vous pas?

Michel serrait les poings de rage.

— Mais c'est mon travail, entendez-vous, mon groupe!

M. Protococus, trouvant que l'artiste le prenait trop haut vis-à-vis d'un savant illustre, répondit malheureusement pour sa défense que cette reconstitution que s'attribuait Michel était sa pensée à lui, archéologue, et qu'il n'avait employé le sculpteur qu'en qualité de manœuvre, travaillant à la journée.

L'Allemand démasquait ses batteries sans prendre garde à celles qui étaient dirigées contre lui. Michel était devenu plus pâle que les plâtres de l'atelier. Cet état d'être nerveux, M. Protococus n'en tint pas compte. Il ajouta naïvement qu'il revendiquait le groupe comme sien.

— Toi, misérable! s'écria Michel.

Hors de lui il saisit le Berlinois par la cravate et le colleta contre l'échafaudage avec une telle rage que le Mars Borghèse tomba par morceaux.

— Tiens, prends sa place! hurla le sculpteur qui avait fait tomber accroupi M. Protococus dans la terre glaise, et l'y enfonçait d'autant plus profondément que l'archéologue se débattait.

— Ne crie pas, ou je t'étouffe!

Et le sculpteur exaspéré jetait des pains de terre contre le bonhomme qu'il ensevelissait vivant sous les débris de la statue du Dieu.

— Pitié ! criait M. Protococus en agitant ses bras d'araignée.

— Voilà ce que tu mérites, vieux birbe !

Comme un Atlas révolté, Michel accumulait des montagnes de glaise contre le buste de M. Protococus dont on n'apercevait plus que la cravate blanche et les yeux écarquillés par l'indignation.

Un moment de réflexion fit que Michel s'arrêta.

— Tu vas rester là, dit-il, en face de la Vénus que tu comptais déshonorer... Si tu bouges, si tu appelles, je te fais avaler un pain de terre !

VI

O nobles aspirations de l'art, que d'amertumes forment votre cortége ! Jalouse, la matière se venge de l'esprit en semant la division entre les servants du beau, qui deviennent de plus irréconciliables ennemis que s'ils se disputaient un vil métal.

Trois jours et trois nuits M. Protococus, victime de l'archéologie, resta empêtré dans les débris de la statue du Mars Borghèse, vivant d'une maigre pitance que Michel lui introduisait dans la bouche. D'affreux souvenirs mythologiques traversaient la pensée du savant, qui craignait que l'irritation du sculpteur ne le poussât à en faire un personnage changé en arbre, en rocher ou en pierre. Quelques pains de terre de plus, la tête de M. Protococus disparaissait à jamais dans le bloc de glaise qui ne laisserait aucune trace du crime.

Le Berlinois devenait légende. Son amour pour les affabulations antiques ne le poussait pas à se transformer en mythe.

Pendant trois jours et trois nuits Michel contempla sa victime, dont le supplice de la glaise avait fait un étrange *Kram-pouce*. La face de M. Protococus s'était allongée horizontalement; les rides et les sillons de la physionomie où jadis la poursuite de l'idéal antique prenait place, contenaient actuellement de sombres soucis, une terreur extrême; derrière les lunettes les yeux se faisaient suppliants pour attendrir le tourmenteur.

Le troisième jour Michel parut plus sombre que de coutume. M. Protococus l'embarrassait.

Le sculpteur s'avança vers l'amas de terre qui contenait le savant, et les sourcils du Berlinois s'agitèrent avec une singulière perplexité.

— Tu vas faire le serment de quitter Paris, dit Michel d'une voix brève.

— Oh! oui! murmura M. Protococus.

— Ce soir?

— Tout de suite, dit l'archéologue.

— Tu partiras pour Berlin et tu ne reviendras jamais en France?

— Jamais! s'écria M. Protococus.

Michel creusa une ouverture dans le bloc de terre, du côté de l'épaule droite.

— Jure! dit-il.

La main du savant sortit comme du tombeau.

— Je le jure, répondit M. Protococus.

Deux jours après le chemin de fer rendait le savant à ses compatriotes.

Avec le départ de M. Protococus la France perdit une somme incalculable de connaissances archéologiques.

Pour se venger, le Berlinois adapta des bras définitifs à la Vénus de Milo et l'adjonction de la figure du galant Mars Borghèse attira sur cette reconstitution l'attention de l'Europe entière.

Mais Michel fut châtié à son tour. Sa volonté, son ardeur en firent promptement un statuaire distingué, et l'opinion l'eût reconnu pour un maître parfait si, dans les groupes qu'il exposa à la suite de cet événement, sa poursuite de l'art n'eût été troublée par quelque figure plaintive et grimaçante, qui rappelait l'image de M. Protococus et introduisait dans le domaine du Beau un fâcheux élément, semblable au bruit d'un sifflet aigu se produisant au milieu d'un concert de lyres d'ivoire.

Novembre 1873.

LES DEUX AMIS

LES DEUX AMIS

I

Dans le quartier du Luxembourg vivaient, depuis de longues années, deux amis Alsaciens qui ne s'étaient jamais quittés depuis leur enfance. L'architecte Ebersheim, le musicien Frantzwiller habitaient deux maisons voisines de la rue Vavin, aussi isolés dans ce quartier que s'ils se fussent trouvés au fond d'un village : de leurs fenêtres ils pouvaient suivre quelques échappées du jardin du Luxembourg ; du balcon d'Ebersheim, tapissé de feuillage, s'échappaient chaque soir de nobles aspirations artistiques.

Ce sont des natures particulières que celles des Alsaciens qui habitent Paris. Rien de la capitale ne mord sur leur esprit ; ils restent croyants, et le scepticisme ne parvient pas à s'infiltrer en eux. Ils sont pour la plupart d'apparences lourdes et massives, grands fumeurs, plus grands buveurs de bière ; toutefois un idéal germanique s'échappe de leurs pipes comme de leurs verres, et ils restent sentimentals et naïfs au milieu d'une population qui ne brille ni par la naïveté ni par le sentiment.

L'envahissement de l'Alsace, la reddition de Strasbourg eurent pour effet d'exalter le courage d'Ebersheim et de Frantzwiller. Ils faisaient partie du même bataillon pendant le siége de Paris, et appartenaient aux groupes de citoyens résolus qui ne demandaient qu'à percer les lignes ennemies. A cette heure, ils avaient peut-être plus d'affection pour la capitale assiégée que de véritables Parisiens. Les hommages rendus à la statue de la ville de Strasbourg les avaient émus profondément. Paris, redevenu croyant, était de cœur avec l'Alsace, et les Alsaciens défendaient Paris comme une mère. Aussi Ebersheim et Frantzwiller se firent-ils remarquer par leur bravoure aux avant-postes, où ils avaient obtenu qu'on les envoyât, n'y mettant pour condition que de n'être pas séparés ; ayant toujours vécu fraternellement, ils entendaient mourir ensemble.

Quoique leur bataillon fût exposé à des engagements dangereux, les deux amis s'en tirèrent sains et saufs. Ils supportèrent bravement, pleins d'espoir, les fatigues et les privations du siége : pour eux, le dernier mot de la défense nationale n'était pas dit ; mais l'horloge des illusions ne sonna pas longtemps. Paris devait succomber à son heure, et à quelles conditions pour les deux amis! Plus de pays natal pour eux! Ils ne reverraient plus leur petite ville, tout ce qui avait été la joie de leur jeunesse. Schelestadt était incorporé à l'Allemagne!

Combien auraient souffert Ebersheim et Frantzwiller sans les événements de la Commune qui se succédèrent assez rapides, singuliers et stupéfiants, pour ne laisser place à aucun autre sentiment! Qui ne se crut alors le jouet de rêves bizarres? Tout était effroyable réalité, tout était poussé au fantastique le plus sombre. En un clin d'œil les faiseurs d'utopies les moins réalisables se trouvaient dépassés. Des bohèmes, qui la veille imploraient le crédit dans les brasseries, étaient appelés à la tête des affaires. Chaque matin un étrange *Journal officiel*, imprimé avec de véritables caractères, sur de réel papier, faisait croire aux yeux qu'ils ne savaient plus lire. De menaçantes affiches placardées avec profusion faisaient paraître des enfantillages les souvenirs de la Terreur. Sans trêve ni relâche le canon grondait. Chacun fuyait la ville au pouvoir de fous dangereux.

Ebersheim et Frantzwiller ne pouvaient partir. Il n'y avait plus d'Alsace pour eux!

Les deux amis restèrent au milieu de ce Paris ahurissant et effrayant, au milieu d'une population qui regardait avec indifférence les fédérés préparer une représentation des derniers jours de Pompéi.

Singuliers projets que ceux des insurgés, que personne jugeait ne devoir se réaliser! Une ville de deux millions d'âmes brûlée semblait l'idéal de la Commune à soumettre à la France à peine convalescente.

Les insurgés avaient juré de faire sauter Paris. Mais les grands mots et les grandes menaces à l'aide desquels on mate les peuples se réalisent rarement. Aussi croyait-on médiocrement aux proclamations et aux affiches de la Commune.

Paris vivait, non pas absolument dans la confiance, mais dans un engourdissement léthargique semblable à celui des malheureux qu'on chloroformise avant de leur enlever un membre. Abattu et sous le coup d'une anémie politique, Paris laissait faire sans se plaindre toutes les opérations que les chirurgiens de la Commune pratiquaient sur son corps.

Ebersheim et Frantzwiller se dirent qu'il était difficile de s'entendre avec de pareilles gens. Un sombre ouragan planait sur Paris : le mieux était, pour s'en garer, de vivre dans la retraite et l'étude.

II

Celui qui n'a pas vu le cabinet d'Ebersheim se fera difficilement une idée des trésors que peut amasser un homme persévérant, animé du goût de l'étude.

Un des premiers, Ebersheim avait compris la valeur de l'art japonais, et il avait accumulé dans son appartement meubles, étoffes, tentures, albums, bronzes, non pas en collectionneur, mais pour en faire le sujet de travaux importants.

Depuis une dizaine d'années seulement, la France avait pu connaître les produits artistiques d'un pays jusque-là entièrement fermé. Ce fut une révélation. Il y avait là une façon simple et compliquée de *voir* la nature et de l'interpréter qui tranchait vivement avec l'art du passé.

Ebersheim, pour pénétrer plus avant, harcelait les professeurs officiels de japonais qui ne savent pas le japonais, et il n'eut de cesse qu'il n'eût rencontré un missionnaire revenant d'Yeddo, qui avait une réelle connaissance de la langue. En Alsacien patient, Ebersheim étudia le japonais.

Ainsi, dans un coin de Paris, vivait avec son ami Frantzwiller le brave Ebersheim, désolé d'avoir suspendu ses études pendant le siége par les Allemands.

Paris subissait, grâce à la Commune, un siége d'une autre nature. Mais celui-là était irritant. Ebersheim, afin d'y échapper, se plongea dans l'étude ; pour lui, l'étude était comme un bain. Le canon tonnait sans relâche du côté de Châtillon et de Vanves. Ebersheim ne l'entendait pas. La Commune pouvait rendre des décrets dignes de Bicêtre, placarder d'immondes affiches. Ebersheim, pour ne pas s'affadir l'esprit, passait devant sans les lire. Dans le jardin du Luxembourg, à deux pas, les fédérés faisaient passer leurs hoquets d'eau-de-vie dans de rauques clairons ; les oreilles de l'artiste étaient fermées à ces appels au combat. Il goûtait des jouissances intimes qui lui faisaient oublier les déchirements de cette sinistre guerre civile. Eberstein classait les vingt ans de sa vie dont peu de journées n'avaient été signalées sans quelque trouvaille. A chaque objet était attaché un souvenir.

Ce sont de vives joies pour un chercheur que de se rappeler les émotions qui l'ont assailli à tel moment et lui ont permis de se procurer un objet à l'aide d'une privation, les ruses qu'il a fallu employer avec tel marchand pour ne pas lui laisser deviner l'objet de ses convoitises. Les collectionneurs de fortune modeste ressentent alors des jouissances inconnues aux riches. La fortune d'Ebersheim consistait en privations. Tel jour il avait supprimé le déjeuner pour acheter une gravure ; tel autre il s'était couché sans dîner pour se procurer un objet qu'il avait placé en face de son lit, s'en régalant comme du plus savoureux repas et le retrouvant à son réveil avec la joie d'un enfant.

Tous ces souvenirs se déroulaient roses et colorés à l'esprit d'Ebersheim. Mais surtout l'inventaire des cartons transporta l'enthousiaste dans un monde idéal. Une à une l'Alsacien avait jeté les notes d'une histoire qui se trouvait faite presque sans y penser : les admirables scènes coloriées des artistes d'Yeddo devaient éclairer un texte dont les notes, prises au jour le jour, n'avaient plus besoin que d'un fil pour être reliées en corps et former un ouvrage intéressant. Quelles sources de matériaux, quelle grange de documents !

Pendant près de deux mois que dura l'inventaire de

sa vie passée, Ebersheim échappa au monde extérieur et connut des joies qu'il était peut-être seul capable de goûter à Paris. S'il rencontrait de sombres escouades de gens qui, pour trente sous, allaient se faire tuer aux remparts ; s'il voyait dans les rues des essais de barricades, le soir il oubliait dans des entretiens sur l'art avec Frantzwiller ce que la situation avait de bizarre et de tendu. Les deux amis habitaient un quartier dont jamais l'émeute n'avait troublé la tranquillité. Il était certain que l'endroit cher à l'insurrection était Montmartre ; la grande et décisive bataille aurait ces hauteurs pour théâtre, au jour où les fédérés vaincus tenteraient de s'y retrancher.

D'ailleurs on pouvait compter les derniers jours de la Commune ; de sinistres craquements se faisaient entendre qui annonçaient la débâcle et la déroute de l'insurrection, le sauve qui peut général.

III

Cependant le canon se faisait entendre de plus en plus rapproché.

— Fortimbras approche, dit Ebersheim à son ami.

— Au nom du ciel, que Fortimbras se hâte ! s'écria Frantzwiller, qui était sans illusion.

La veille du jour où l'armée de Versailles devait pénétrer dans les murs d'enceinte de Paris, les deux amis avaient passé la soirée à lire Hamlet.

« *O fière mort*, dit Shakespeare, *quel festin prépares-tu dans ton antre éternel !* »

Tout à coup éclate le son de martiales trompettes sonnant au loin le triomphe et la vengeance.

— J'attends toujours les trompettes victorieuses, disait Frantzwiller.

— Écoute Horatio, dit Ebersheim en continuant la lecture du poëte : « *Alors vous entendrez parler d'actes charnels, sanglants, contre nature, d'accidents expiatoires, de meurtres involontaires, de morts causées par la perfidie ou par une force majeure, et pour dénouement des complots retombés par méprise sur la tête des auteurs ; voilà tout ce que je puis raconter sans mentir.* »

— Lecture amère! dit Frantzwiller.

— Encore une phrase et j'ai terminé, reprit Ebersheim : « *Enlevez les corps*, commande Fortimbras, *un tel spectacle ne sied qu'aux champs de bataille ; ici, il fait mal.* »

Le hasard seul avait fait ouvrir l'*Hamlet*. Ebersheim ferma le livre, attristé. Le drame ne doit pas être suivi d'un autre drame. Les horreurs de la rue étaient assez poignantes pour qu'on ne les renforçât pas par de lugubres citations. Frantzwiller rentra chez lui. Pour échapper à la solitude, l'Alsacien ouvrit un album japonais : les prairies vertes et les amandiers en fleurs répandirent quelque baume sur les soucis d'Ebersheim.

En ce moment une grande rumeur se fit entendre au dehors : des éclats de voix, des allées et venues précipitées, des cris suppliants de femmes, confus et singuliers, qui ne ressemblaient en rien aux bruits habituels de la rue. Ebersheim ouvrit la fenêtre. Une escouade de gardes nationaux fédérés se tenait aux deux extrémités de la rue et apportait des matériaux pour une barricade qui s'élevait comme par enchantement. Un marchand de vins formait le coin de la rue : la barricade semblait sortir pièce à pièce de cette boutique. Les hommes buvaient, entassaient des poutres, de la terre, des pavés, et rentraient boire encore chez le marchand de vins.

Les fédérés avaient mis bas leurs capotes d'uniforme, leurs armes, leur cravate ; d'autres brandissaient leurs sabres, leurs fusils. De tous ces regards s'échappait une sombre exaltation. Aux pas des fédérés s'attachaient les femmes du quartier qui les suppliaient de renoncer à la défense de la rue.

— Ils n'entreront pas par ici ! s'écriaient-elles.

Les menaces, les injures leur répondaient.

— Les chouans de Versailles peuvent entrer où ils voudront ; ils n'auront pas Paris !

Dans la boutique du boulanger des bras velus roulaient des tonneaux de poudre auprès desquels les hommes fumaient sans prendre garde au danger.

Longtemps Ebersheim regarda ces fédérés en travail, les yeux injectés de sang, les mains noires de poudre, les habits déchirés ; fourmilière prise de vertige et de boisson qui remuait les pavés avec une excitation fébrile. Il songea à descendre : l'exemple des passants qu'on forçait de prêter la main à la barricade l'empêcha de se mêler à cette tourbe exaltée. Ebersheim avait assez vu, il ferma sa fenêtre.

L'agonie de la Commune commençait. Il n'y avait plus à en douter, Versailles était aux portes de Paris. Certainement la débandade se mettrait parmi ces gens. Les barricades seraient abandonnées. Toute cette populace rentrerait sous terre.

Cependant, les cris et les menaces redoublaient. Dans les étages supérieurs de la maison on entendait des pas précipités, des meubles renversés.

— Mes voisins ont peur, pensa Ebersheim.

Un singulier voile passa devant les fenêtres, semblable à un nuage noir obscurcissant l'air. Il sembla à l'Alsacien reconnaître la voix de son ami, qui, d'en bas, criait : Ebersheim ! Ebersheim !

Il ouvrit la porte. Des meubles encombraient l'escalier comme une barricade à l'intérieur. En bas, des voix affolées criaient : Sauvez-vous ! la maison brûle !

— Le feu ! le feu ! s'écriaient éperdues des femmes enjambant les meubles abandonnés dans l'escalier.

Une odeur asphyxiante emplissait déjà la maison.

Ebersheim essaya de rappeler tout son calme : comme des gens pris de vertige tous ses voisins fuyaient. Et la fumée redoublait avec des craquements significatifs.

— Sauvez-vous, hurla une voix désespérée. Le feu est chez le boulanger !

Le boulanger occupait le rez-de-chaussée de la

maison : d'étranges odeurs fades et violentes remplissaient la cour.

Ebersheim à son tour subit le vertige général. Il ne regardait pas, et cependant, à travers une toiture vitrée qui donne dans la cour, il crut voir des sacs de farine accumulés, des hommes qui les arrosaient d'une certaine liqueur et y mettaient le feu.

L'Alsacien eut la vision du pétrole. On en avait tellement parlé dans ces derniers jours !

Il était temps qu'Ebersheim descendît. La fumée s'échappait intense de la petite cour, et se répandait dans toute la maison.

— Au secours ! au secours ! criait dans l'escalier une voix de femme suppliante et anxieuse, telle que n'en avait jamais entendu Ebersheim.

— Mes enfants ! sauvez mes enfants !

En ce moment Ebersheim se souvint. Il était sorti de chez lui sans cravate, en veste de travail. Et il n'avait rien emporté ! Peut être était-il temps de remonter encore ! Il se rappelait confusément que dans son secrétaire un portefeuille contenait quelques titres d'actions, ses économies de vingt ans.

— Au secours pour mes enfants ! reprit la voix qui faiblissait.

Ebersheim s'élança dans l'escalier. Entre le second et le premier étage se traînait sur les marches brûlantes une femme, tenant à la main une petite fille et un jeune garçon qui se cramponnaient aux barreaux de fer de la rampe en poussant des cris déchirants.

Ebersheim prit les enfants dans ses bras, poussa la

mère en avant. Déjà les flammes gagnaient le premier étage.

— Nous sommes perdus! cria la pauvre femme.

Six marches flambaient. Au bas un brasier rouge. Ebersheim sauta, les enfants dans les bras, par-dessus le brasier.

Il ne voyait plus. Il n'entendait plus. Ayant déposé les enfants dans un corridor rempli d'une épaisse fumée, Ebersheim s'accrocha à la rampe brûlante, prit la mère dans ses bras et encore une fois s'élança à travers le brasier.

— Sauvés! s'écria-t-il en ouvrant la porte de la rue pour chasser la fumée asphyxiante.

En ce moment une explosion formidable se fit entendre à laquelle répondit un cri d'angoisse inexprimable. La rue était pleine de gens affolés, hors d'eux, dont les yeux semblaient percer les murs pour y chercher un lieu de refuge. Les femmes se tordaient les bras de désespoir, repoussées à coups de crosses par les fédérés blottis entre les deux barricades de la rue.

Tous regardaient le ciel rouge et enflammé d'où se détachait une suie drue comme de la neige, de la neige de papier brûlé. C'étaient les deux maisons du coin d'où venait de partir l'explosion. Les planchers s'étaient effondrés avec des poussières immenses qui luttaient avec la fumée de l'incendie. A cette heure on ne travaillait plus à barricader la rue : les maisons étaient fondues dans les barricades.

Dans cette fournaise une voix se fit entendre.

— Les Versaillais! Au coin de la rue!

Ebersheim, hors de lui, se sentit pris au corps ; une voix bien connue lui cria :

— Viens !

De même qu'il avait entraîné la femme dans l'escalier, il se sentait entraîné par Frantzwiller ; mais il ne raisonnait guère plus que le bœuf qui s'obstine à ne pas quitter son étable en flammes.

Où se trouvait Ebersheim ? Il l'ignorait. Dans une cour, à côté de lui, des gens étendus sur les dalles regardaient d'un œil hagard le tourbillon de fumée passant par-dessus le toit de la maison voisine. Elle brûlait. Celle qui leur servait de lieu d'asile pouvait brûler à son tour.

Au dehors, on entendait de sauvages imprécations, des râles d'hommes, des coups de baïonnettes dans les devantures des maisons, des décharges de fusils qui ne s'arrêtaient pas.

Tout à coup le clairon sonna ; une sonnerie qui ne ressemblait en rien à celle des fédérés avinés. C'était comme une fanfare de victoire.

— La barricade est prise, cria une voix.

Tous les gens éperdus, à l'intérieur des maisons, relevèrent la tête. Enfin !

Il y avait deux mois que tous courbaient la tête sous le malheur.

De nouveaux coups de crosses retentirent à la porte de la maison.

— A la chaîne ! à la chaîne !

Quel spectacle quand la porte fut ouverte ! Des cadavres entassés sur le trottoir. Des mares de sang par terre. Chaque mur teint de rouge, chaque pavé ! Le ciel, enflammé lui-même, semblait une mer sanglante se réfléchissant dans le ruisseau.

Seul, le drapeau rouge avait disparu de la barricade : au sommet maintenant flottait le drapeau tricolore.

Les soldats avaient passé. A leur place s'élançaient des pompiers envoyant des colonnes d'eau sur la maison d'Ebersheim, que les flammes léchaient de toutes parts.

Femmes, enfants, vieillards, tous étaient à la chaîne, cherchant à vaincre l'élément terrible qui rarement lâche sa proie. Mais chacun était enflammé par le courage des hommes à casques de cuivre qu'on voyait accrochés à des pans de mur brûlants, qui couraient sur les toits voisins comme des gnomes, et répondaient aux sinistres craquements du feu par des jets d'eau sans trêve ni relâche.

Toute cette foule faisait silence pour entendre les commandements. Heureusement, l'eau ne manquait pas : comme une rivière portée de mains en mains, elle imbibait les murailles noires.

En ce moment, les travailleurs étaient transfigurés. Une seule pensée animait les cœurs et communiquait une mâle empreinte aux physionomies les plus vulgaires. Il n'y avait de laideur que sur la face des cadavres accumulés sur les trottoirs. Ceux-là, la mort les avait marqués d'une griffe farouche. Ils avaient été tués comme des chiens enragés. Pas plus de pitié pour eux que pour des bêtes féroces. Ce n'étaient plus des hommes, c'étaient des tas, des paquets de choses dangereuses.

— Tout est fini! dit Ebersheim à son ami en lui montrant le toit de sa maison qui, avec fracas, venait de s'abattre sur le balcon où si longtemps il avait respiré l'odeur des arbres du Luxembourg.

Tout, de cette vie de travail de vingt ans, était consumé! Il ne restait rien! Pas d'habits pour se vêtir, pas d'argent pour vivre! Et cependant Ebersheim, à cette heure, ne songeait pas à lui. Il fallait protéger les propriétés voisines et il se sentait des forces surhumaines, oubliant sa propre infortune pour ne penser qu'à celle des autres.

IV

Le lendemain commença le déblaiement. Les murs extérieurs de quelques maisons incendiées étaient restés debout. C'est alors qu'il fallait voir les effets de la fourmilière de braves gens travaillant à réparer le mal. On se battait encore sur la rive droite de Paris, que déjà la rive gauche cherchait à effacer les traces de ses ruines.

Dans l'amas de décombres de toutes sortes de la demeure d'Ebersheim, les gens habitant la maison s'efforçaient de sauver des reliques : un portrait, des lettres échappées à l'incendie, un souvenir tordu par les flammes.

Chacun s'était fait ouvrier. Le malheur égalise les hommes. A la suite de l'incendie, riches et pauvres étaient devenus égaux; ils appartenaient à la même famille éprouvée par un terrible malheur. Tous portaient le même deuil de leur intérieur détruit; tous maintenant vivaient par le même souvenir, ayant passé par les mêmes angoisses. Tous se comprenaient, lisant dans leurs yeux une égale pitié pour de semblables infortunes. On se partageait le même pain en travaillant; la bouteille circulait, on buvait au même verre. Il semble parfois que ces catastrophes soient envoyées par une puissance inconnue pour rappeler la fraternité qui manque aux hommes.

Ces gens de diverses classes qui habitaient la même maison et qui s'étaient rencontrés maintes fois sans avoir de communications entre eux, étaient devenus frères et s'aidaient, poussés par la franc-maçonnerie du malheur. Ils semblaient des naufragés heureux de travailler les uns pour les autres. La fortune, on ne savait plus ce que c'était. L'argent servait aux besoins de tous; ceux à qui il en restait ouvraient leur bourse à ceux qui en manquaient. Chaque matin des mains douces étreignaient fraternellement les mains rugueuses des ouvriers; et c'était un bonheur partagé par tous ces infortunés quand quelques-uns d'entre eux recevaient des secours de leurs familles.

C'est alors que l'homme, redevenu véritablement humain, se dépouille de la croûte d'égoïsme qu'il croyait si nécessaire dans le combat de la vie.

Ebersheim ne regrettait pas ce qu'il avait perdu, sentant l'humanité devenir meilleure. Il en oubliait sa haine pour la Commune qui, en voulant détruire

Paris, en avait réveillé les bons sentiments. Il s'était plié aux métiers les plus humbles, creusant des fosses, y enterrant des cadavres, soignant les blessés, prodiguant les consolations aux âmes faibles. Lui qui jusqu'alors avait vécu, garrotté par les exigences de la science, se retrouvait homme. Il avait sauvé du feu une mère et ses enfants! Pour la première fois Ebersheim sentait la valeur du mot si peu employé : *son prochain!*

Le déblaiement avait commencé à l'intérieur des maisons; mais les ouvriers n'étaient pas encore parvenus aux étages supérieurs où la pensée de l'Alsacien restait suspendue.

De la façade il ne restait que des murs désolés : au dedans, la plupart des planchers s'étaient effondrés d'étage en étage, activant l'incendie à mesure qu'ils tombaient.

L'appartement d'Ebersheim était composé de six pièces : trois d'entre elles qu'on ne voyait pas à travers ces ruines avaient peut-être échappé au désastre. Dans l'une d'elles, pendant de longues années, Ebersheim avait reposé : c'était son musée permanent et sans cesse renouvelé. De grands cadres contenaient les merveilles dont il se régalait les yeux au réveil. A côté, étaient accrochés les souvenirs les plus intimes, le profil de ceux et de celles qui avaient occupé son cœur.

A cette pièce attenait le cabinet de travail. Du lit Ebersheim sautait à son bureau. Là, peu d'ornements aux murs, mais des cartons dans lesquels étaient encombrés les matériaux de cette vie si bien remplie.

25

Une grande pièce voisine renfermait les meubles, les tentures, les objets précieux que l'Alsacien avait recueillis dans ses voyages. Il restait encore un espoir. Aucun de ces débris n'était tombé du haut de la maison dans le vaste embrasement creusé par le feu. Des cinq étages de nombreuses épaves avaient surgi. De ce côté, rien.

Ce fut un précieux trésor que conquit Ebersheim quelques jours plus tard, une échelle, car les instruments de travail manquaient à la suite de tant de dégâts.

Avec quelle émotion Ebersheim monta dans les décombres de son appartement! Hélas! tout n'était plus que ruines! Le feu avait couvé dans les cartons, mordant et déchiquetant les gravures et les dessins. Des colorations jadis si gaies, il ne restait que des pellicules noires, sèches, tombant en poussière dès que la main les touchait.

Les murs avaient ployé sous la secousse des mansardes, tombées comme ivres sur le balcon. Tout objet resté aux pans de murs encore debout avait été léché par la langue brûlante des flammes; tout objet décroché gisait sur le plafond brisé, tordu, formant de fantastiques agglutinations.

L'incendie n'avait rien respecté des trésors artistiques de l'Alsacien.

Cependant, dans un coin, un pan de mur s'était écroulé, formant un angle derrière lequel était un espace vide. Ebersheim chercha avec précaution, comme font les ouvriers de Pompéi dans la cendre des anciens siècles.

Chose singulière! L'objet le plus fragile, le plus inflammable, avait échappé à la rage du feu : un ancien violoncelle, seul héritage légué par le père d'Ebersheim à son fils!

Une larme mouilla les paupières de l'Alsacien, la première depuis son malheur. Il croyait tout perdu! Le souvenir le plus intime de son père, l'honnête musicien de Schelestadt, lui restait!

Ebersheim resta en contemplation devant l'instrument en face duquel se déroulait toute sa vie de jeunesse. Ce fut avec un soin extrême qu'il opéra, à travers ces ruines, la descente du violoncelle.

Au bas de la maison brûlée, les voisins l'attendaient.

— Eh bien? lui crièrent ces voix amies.

— Voilà, dit-il.

Au ton dont il prononça le mot, à la façon dont il tenait l'instrument contre lui, chacun comprit que le pauvre garçon avait conquis un trésor inestimable.

Le soir, Ebersheim entra dans l'atelier de Frantzwiller, alla au piano, s'assit à côté avec son violoncelle, et les deux amis passèrent la soirée à jouer de touchantes sonates d'Haydn, où débordent les sentiments domestiques, l'honnêteté, la paix, la tendresse.

1871.

LA SONNETTE DE M. BERLOQUIN

LA SONNETTE DE M. BERLOQUIN

I

Une des fêtes de l'Église attendue avec joie par les fidèles est assurément la nuit de Noël. Dans la plupart des provinces de gais divertissements succèdent au service religieux. Au sortir de la messe de minuit commence un souper joyeux, dans lequel le porc joue un rôle à travestissements, plutôt, il est vrai, pour le plaisir des autres que pour le sien propre. C'est alors qu'une appétissante odeur de carbonnade emplit la maison et fait oublier par son fumet les fatigues de cette veille inusitée. Tout provoque l'appétit : le boudin pousse à boire, la boisson fait couler le boudin. Un entrain particulier anime les assistants, qui ne se séparent qu'à regret en se donnant rendez-vous pour de semblables victuailles au Noël suivant.

Mais il faut avoir assisté à la messe de minuit de Loches pour bien se rendre compte de la bravoure que les Tourangeaux apportent à attaquer les plats, quand ils sont à table.

Dans les rues de Loches, à peine la messe dite, on n'entend qu'un cri de joie ; les maisons, qui, d'habitude sont plongées dans l'obscurité à partir de huit heures du soir, sont illuminées par les lueurs vacillantes de fallots se balançant à chacune des extrémités d'un bâton que portent devant leurs maîtres une servante ou un petit laquais.

Ces lanternes, curieusement ouvragées, que les inventions modernes ont fait reléguer dans les cabinets d'antiquités à côté des imposantes bassinoires du dix-septième siècle, furent appelées *fallots*, en raison sans doute des jeux de lumière capricieux et fantastiques que produisaient leur suspension. Elles piquetaient de curieux reflets les anciens balcons de fer ouvragé, les barreaux ventrus qui protégent les fenêtres du rez-de-chaussée, les enseignes des marchands, les vieux et respectables marteaux de portes. Tous ces détails, grâce aux fallots, prenaient un air fantastique.

Il n'y avait guère que le cul-de-sac des Trois-Visages que les lanternes n'éclairaient pas. Ce cul-de-sac, déshérité des feux de la Noël, est composé de trois maisons dont deux sont inhabitées. La troisième appartient de temps immémorial à M. Berloquin, le seul habitant de Loches qui ne se réjouissait pas de la messe de minuit et passait anxieusement sa soirée, depuis six années, à attendre la catastrophe qui troublait sa tranquillité.

Combien elles étaient poignantes les anxiétés de M. Berloquin, depuis six ans qu'une main coupable ne craignait pas de briser la sonnette de la maison dans cette nuit solennelle qui, pour tous, était une nuit de félicité !

Six sonnettes avaient succombé pendant cette période. L'enfant Jésus n'avait pas été assez puissant pour conjurer le bris des sonnettes de M. Berloquin !

Il arrive souvent dans les plus honnêtes provinces que les sonnettes, même des fonctionnaires les plus hauts placés, ne soient pas respectées. Certains tapageurs mettent leur gloire à clocher aux portes, faisant venir inutilement les domestiques, ou réveillant en sursaut d'honnêtes bourgeois couchés de bonne heure. De tels faits sont malheureusement fréquents ; mais six sonnettes arrachées à la même heure, à l'occasion d'une fête de l'Église, semblaient constituer en même temps qu'un attentat à la propriété une vengeance d'un ordre particulier.

La première année, M. Berloquin s'était dit : — « C'est un passe-temps de mauvais drôles, » et il avait, en déplorant la fâcheuse liberté laissée aux enfants d'alors, ramassé le corps de sa sonnette, fracassée sur les pavés de la cour.

La seconde entreprise contre la sonnette fit réfléchir M. Berloquin et il trouva singulier que, jour pour jour, ce qu'il appelait une déprédation le forçait de coucher sur son cahier de compte les frais causés par des mains criminelles.

En 1848, qui fut la troisième année où la sonnette, secouée avec une agitation brutale, alla rejoindre ses devancières, une terreur plus vive s'empara du bourgeois : cet attentat à la propriété rentrait dans la classe de ceux qu'une société atterrée attribuait à la révolution qui venait d'éclater.

Un organe de la démocratie, *l'Indépendant de Loches*, venait d'être fondé. M. Berloquin crut prudent de jeter 9 francs, prix d'un trimestre d'abonnement, dans la gueule de ce farouche *Indépendant* dont les Premiers-Loches faisaient frissonner les gens d'ordre.

La sonnette posée en l'an 1849 n'en fut pas plus respectée ; le trimestre que le bourgeois avait donné en appât au cerbère de la démocratie ne changea rien à la destinée de la sonnette ; même le pied de biche qui attenait au cordon de fer de la sonnette fut enlevé, sans doute par un « partageux. »

Dès lors, M. Berloquin craignit autant pour sa sûreté personnelle que pour celle de sa propriété. Des barreaux de fer, qui faisaient ventre dans la baie des fenêtres, protégeaient les appartements donnant sur la rue : ne trouvant pas cette défense suffisante contre les ennemis de la propriété, le rentier fit grillager par des mailles serrées toutes les fenêtres et donna à sa maison le caractère d'une prison. M. Berloquin se dit que cette image du sort qui leur était réservé arrêterait peut-être les dévastateurs sur la pente criminelle où ils étaient lancés.

En 1850, alors que la République montra que ses racines n'avaient pas profondément pénétré dans le sol de la nation, l'arbre de la liberté, secoué par un grand nombre de mains, fut renversé, laissant sur le carreau des fruits verts et sans saveur. Il en fut de même de la sonnette de M. Berloquin. Il était écrit que son carillon ne pouvait s'exercer sous aucun gouvernement, ni sous Louis-Philippe, ni sous le Président. Quoique seul, parmi ses concitoyens, qui fût victime de semblables tourmentes, M. Berloquin jugeait la société bien mal assise qui permettait de semblables dévastations ; toutefois il n'osait porter plainte, craignant d'augmenter la fureur d'ennemis tout-puissants.

L'Indépendant de Loches accusait un tirage de trois cents exemplaires, un résultat considérable pour le pays. Il y avait donc dans la ville ou aux environs trois cents sectaires, complices des opinions d'un organe subversif.

Jusque-là, M. Berloquin et sa servante avaient accompli leurs devoirs religieux et se rendaient à la messe de minuit. Ce qui n'empêchait pas, à peine le bourgeois était-il rentré, qu'un carillon frénétique n'annonçât que les fauteurs de désordres continuaient leur criminelle entreprise. En 1850, M. Berloquin renonça à aller saluer, à l'avenir, la naissance de l'enfant Jésus et il chercha quelle vengeance éclatante il pourrait tirer de ses ennemis. Toute l'année fut employée à la calculer. Il était décidément temps de mettre un terme aux entrepreprises des casseurs de sonnette.

Le quincaillier de la Grande-Rue avait fait une question singulière à M. Berloquin.

— Que pouvez-vous faire d'autant de sonnettes? lui demanda-t-il d'un ton narquois.

M. Berloquin jeta un regard inquisiteur sur l'homme. Serait-ce lui qui, afin de pousser à la vente, profitait de la solennité de Noël pour détruire nuitamment sa propre marchandise? Mais ce soupçon s'effaça devant l'air candide du quincaillier qui, au contraire, semblait prendre les intérêts de son client en s'étonnant d'une telle consommation de sonnettes.

L'année 1850 se passa en perplexités qui pouvaient se résumer par : vengeance et sonnette. Deux mots accolés à jamais dans l'esprit de M. Berloquin. Peu de nuits où il ne se réveillât en sursaut, croyant entendre de singuliers tintements : l'homme se rendormait, et dans un sommeil agité tintait un glas vengeur. Ce fut une existence troublée qui ne ressemblait en rien à celle que le bourgeois avait menée jusque-là.

II

M. Berloquin appartenait à la classe de ceux qu'on est convenu d'appeler : les honnêtes gens.

Son honnêteté consistait à avoir hérité de ses parents d'un revenu assez considérable pour le dispenser d'exercer aucune profession. En vertu de cette honnêteté, M. Berloquin était incapable de faire du mal à son prochain ; mais il n'eût jamais pensé à lui faire du bien. Regardant comme fonctions indispensables de la vie d'accomplir ses quatre repas, de marcher, de dormir, M. Berloquin n'avait d'autres préoccupations que de toucher ses rentes.

Le rentier payait au comptant ce qu'il achetait et avait horreur des dettes ; toutefois il n'aimait pas que le prix des denrées augmentât sur le marché, et quoiqu'il fût certain de la probité de sa gouvernante, c'était avec de nombreux gémissements qu'il épurait ses comptes et reportait sur un memento la hausse des œufs et du beurre.

Voulant vivre tranquille, sans ambition d'ailleurs, M. Berloquin n'avait jamais rêvé un siége au conseil municipal pour gérer les finances de la cité. Il donnait régulièrement chaque année un écu de trois francs à la municipalité de Loches pour les pauvres de la ville, à condition qu'aucun d'eux ne vînt frapper à sa porte.

M. Berloquin rendait en outre le pain bénit à l'église chaque fois que son tour se présentait.

Sur ces pilotis s'appuyait l'honnêteté de M. Berloquin.

Le rentier de Loches n'avait d'autres parents qu'une sœur, demeurant à Paris, dont le mari, après une vie consacrée à d'utiles inventions, s'était ruiné dans l'industrie. Cette sœur, chargée d'enfants, avait passé par des moments difficiles : M. Berloquin jugea prudent de l'écarter de son souvenir, craignant qu'elle ne lui fît part de son dénuement. Elle avait recueilli sa part dans l'héritage paternel ; le partage de la succession avait été fait rationnellement par devant notaire : la sœur de M. Berloquin n'avait rien à voir dans la fortune de son frère. Il vivait à Loches, elle habitait Paris. C'étaient deux étrangers l'un pour l'autre. M. Berloquin ne connaissait pas de liens de famille pour ce qui touchait à la bourse.

L'honnêteté doublée d'exactitude de M. Berloquin faisait qu'il n'accordait pas plus de huit jours de répit à ses fermiers en retard pour les payements. Le matin du jour qui suivait cette huitaine, des papiers-timbrés et des sommations partaient de l'étude de l'huissier pour s'abattre sur les campagnes environnantes. Ni grêle, ni gelée, ni maladies sur les bestiaux n'arrêtaient M. Berloquin. Il possédait du bien au soleil, le soleil devait quand même féconder son bien.

De ce côté, M. Berloquin, qui se vantait de n'avoir jamais fait de tort à quiconque, était inflexible.

Maître de son temps, M. Berloquin se tenait à l'écart dans sa maison du cul-de-sac des Trois-Visages. Sa nourriture intellectuelle consistait à recueillir les bruits du jour, les propos du quartier ; après quoi il rentrait se livrer à de longues réflexions sur les mariages, les enterrements, les baptêmes et le cours des grains. Rarement on vit un bourgeois de Loches réfléchir si judicieusement. Il eût même été facile à M. Berloquin de passer pour un homme de bon conseil, mais il se gardait de donner un avis quelconque dans les contestations entre voisins.

Certaines gens s'étaient mis en tête de marier

M. Berloquin : il était trop sage pour s'engager comme rameur dans la galère conjugale. Le célibataire pensait qu'un homme a déjà sa lourde charge de s'occuper de lui seul, sans accepter celle d'un être léger, inconsistant, dont la dot, quelque importante qu'elle soit, ne saurait faire oublier les tracas de toute nature qu'engendre le mariage.

Long, sec, maigre, tel était M. Berloquin à l'extérieur. La peau parcheminée de sa figure était encore plus douce que l'enveloppe de son cœur. Rien de liant ou d'attirant dans sa rencontre ; aussi les gens de Loches disaient-ils du célibataire : « Froid comme un glaçon »; mais comme il était à la tête d'une fortune solidement assise, de celles qui, ayant pour base la terre, subissent de médiocres variations, les Tourangeaux témoignaient quelque considération pour M. Berloquin.

M. Berloquin ne parlait jamais de ses affaires. Sur ce point, de même que sur beaucoup d'autres, il ne s'ouvrait à personne et semblait impénétrable : même avec son notaire attitré, il dissimulait le chiffre de son avoir et parlait plus volontiers des atteintes que subit la propriété et de la difficulté de lui faire rendre, bon an mal an, deux pour cent ; mais ce bourgeois qui, par prudence, s'était refusé de prendre femme, avait à son service une servante qui en valait deux.

La Véronique s'était emparée de M. Berloquin et le conduisait avec des lisières comme un enfant. Si on excepte les relations du monde, les soirées au dehors, les toilettes qu'exige la meilleure des femmes en possession d'un mari, Véronique était l'être le plus tyrannique qui se pût voir. M. Berloquin, qui ne goûtait pas une joie de la famille, en subissait toutes les exigences; quoique échappant au joug du mariage il en supportait un lourd, pénible et inavouable, dont il rougissait intérieurement. Depuis trente ans, le célibataire subissait Véronique, sans vouloir s'avouer la lourdeur de la chaîne que lui faisait porter celle qu'il pouvait doublement appeler sa femme de charge.

L'impénétrable bourgeois, toute la ville le possédait à fond, Véronique dévoilant par son bavardage le mutisme de son maître. Vaniteuse, elle avait à cœur de faire savoir qu'elle tenait en bride M. Berloquin, si avide d'indépendance. Les boutiquiers de la maison, les paysannes du marché, connaissaient à un centime près les revenus du bourgeois, l'emploi de ses journées. Les murs de la maison de M. Berloquin étaient épais, mais transparents comme du verre pour les gens de Loches. Ce n'était pas certainement une gazette bien intéressante que celle rapportée par Véronique; mais, en province, de tels détails prennent une importance quand l'homme croit son secret bien gardé. Surtout, ce qui intéressa davantage le public fut la divulgation des inquiétudes de M. Berloquin à propos de ses sonnettes.

Le célibataire appartenait à la classe de ceux qui, ne s'intéressant à personne, modèlent l'humanité à leur image. Persuadé que peu de gens prenaient part à ses soucis, M. Berloquin renfermait ses récriminations en lui-même et traversait les rues de Loches sans se douter que tous ses concitoyens, à sa vue, épiaient les traces de l'infernal carillon qui s'agitait dans son cerveau. On sut dans la ville les précautions de M. Berloquin pour l'avenir, les mesures qu'il prenait pour la conservation de ses sonnettes.

A la troisième année où se produisit l'*attentat*, suivant la qualification de M. Berloquin, Véronique attendit de minuit à deux heures du matin, à la fenêtre du premier étage, un seau d'eau à côté d'elle, pour le jeter à la tête des perturbateurs; mais le sommeil la surprit pendant sa garde et cinq minutes d'assoupissement ne s'étaient pas passées qu'un effroyable carillon annonçait une nouvelle victoire du coupable.

Le souvenir des catastrophes, quelque considérables qu'elles soient, va d'habitude en s'affaiblissant. Cependant Véronique veillait à ce que le septième anniversaire du bris de la sonnette de son maître ne se renouvelât pas. Craignant de s'endormir, elle alla se poster dans l'ombre à un coin du cul-de-sac des Trois-Visages.

La gouvernante était armée d'un manche à balai, M. Berloquin d'une canne suffisante pour frotter les épaules de l'audacieux qui attenterait de nouveau à sa propriété. Véronique n'entendit aucun pas, n'aperçut personne : la sonnette n'en tomba pas moins sur le carreau. Les épaules du coupable demeurèrent intactes.

Attirés par le bruit que faisait cette agression cacodémoniaque, le maître et la servante osaient à peine se regarder. Véritablement une telle aventure tenait du prodige. Il y avait là de quoi confondre l'imagination. Pas une ombre n'avait été vue, pas un souffle n'avait été entendu! La tête courbée, M. Berloquin et Véronique songeaient; si des souvenirs d'êtres malfaisants et invisibles emplissaient l'esprit de la gouvernante, M. Berloquin se demandait comment la fête de Noël, célébrée si pompeusement par l'Église, pouvait déchaîner celui que Véronique traitait de suppôt du diable.

Combien était différente pour le bourgeois cette nuit qui provoquait chez ses voisins de joyeux chants! A vingt pas du cul-de-sac des Trois-Visages demeurait un pauvre raccommodeur de souliers qui avait toutes les peines du monde à faire vivre sa famille. Le jour de Noël, l'artisan réunissait les gens de sa condition et leur faisait fête. Un dépensier, suivant M. Berloquin. Toutefois, le lendemain, dès cinq heures du matin, le cordonnier se remettait à l'ouvrage, battait le cuir avec ardeur et c'était à qui, de lui ou de son merle, sifflerait le plus gaiement.

A l'exception de la sonnette, qui était devenue une rente régulière à payer, M. Berloquin ne dépensait rien pour la Noël, et pourtant il ne s'en levait pas moins soucieux, brisé par l'émotion, cherchant quel engin protégerait sa sonnette l'année suivante. M. Berloquin en était arrivé à rêver d'ajuster un pistolet à l'innocent pied-de-biche dont l'ongle ferait partir la gâchette au moindre mouvement; mais le pistolet arrêterait-il les méfaits d'une puissance inconnue et impalpable?

Un mois après cette aventure, la sœur de M. Berloquin vint lui rendre visite, accompagnée de ses trois enfants. Une charge pour la maison que quatre bouches imprévues! Véronique le fit sentir à son maître. Prétextes à grosses dépenses. Troubles dans un intérieur tranquille. Allées et venues d'enfants tapageurs. Ces raisons n'avaient pas de peine à entrer dans l'oreille d'un homme qui tient serrés les cordons de sa bourse.

La sœur de M. Berloquin était intéressante. Elle vivait dans un état voisin de la gêne. La pauvre femme portait sur sa physionomie le deuil de son mari; mais, quand elle regardait ses enfants, c'était avec une tendresse qui montrait qu'elle n'avait pas perdu courage. Elle acceptait bravement son sort et se rendait dans une ville du Midi, où un fabricant, ami de son mari, l'appelait pour l'attacher à son industrie.

Les enfants, qui ne savent pas ce que sont avarice et sécheresse, couraient après M. Berloquin et réchauffaient par moment ce cœur glacé qui jamais n'avait savouré les douceurs de la famille. L'un des fils, âgé de treize ans, déjà résolu, faisait part de ses projets d'avenir à son oncle, et M. Berloquin ne pouvait s'empêcher d'être touché de la parfaite éducation d'enfants qui semblaient avoir compris la portée de la mort de leur père et témoignaient de vifs sentiments de tendresse pour leur mère.

Un matin, Véronique entra dans la chambre de son maître en criant d'une voix désespérée:

— Monsieur, les lapins dans le potager!

M. Berloquin tressauta sur son fauteuil.

— Les lapins dans les choux ! s'écria Véronique.

M. Berloquin entendait manger ses choux, mais non pas y convier les lapins. Après une heure consacrée à la chasse de ces animaux, le célibataire apprenait de Véronique que ses neveux avaient ouvert la porte de la cabane des lapins; c'en fut assez pour que les faibles marques d'intérêt que M. Berloquin témoignait aux enfants de sa sœur tombassent tout à coup. D'autres méfaits d'ailleurs leur étaient reprochés : les enfants, à table, s'empiffraient d'une façon indécente en ne laissant pas intacte une assiette de dessert. La gouvernante et son maître ne mangeaient toute l'année que du fromage : pour l'arrivée de la veuve, on avait paré la table de mendiants, d'une demi-douzaine de biscuits, d'un pot de confitures et de pruneaux. L'idée de Véronique était que ces « bonnes choses » ne serviraient qu'à la parade. En quatre jours, les six biscuits avaient disparu; il ne restait pas une lichette de confiture; les mendiants avaient été avalés comme par une armée de rats, et les pruneaux, les enfants prodigues les avaient audacieusement fourrés dans leurs poches, pour servir de passe-temps après les repas.

— Ils veulent faire de la maison une ruine, s'était écriée Véronique.

Encore si la veuve eût mis un terme à ces déprédations! Mais on voyait à son indifférence qu'il s'agissait du bien des autres. Dès lors M. Berloquin battit froid sa sœur. Les repas furent réduits à la plus simple expression; les enfants ne pouvaient plus ni courir ni remplir la maison de leur joyeux babil. Aux regards de Véronique, la veuve comprit qu'il était temps de prendre congé de son frère, et ce fut avec une joie non dissimulée que le célibataire reçut les adieux de cette famille importune. Mais la plus grande somme de jouissances au départ fut réservée à la gouvernante.

Ces vieilles servantes ont toujours peur que des sentiments humains étouffés ne prennent le dessus, que la voix du sang ne parle même à ceux qui sont sourds. Tout parent qui arrive dans la maison qu'elles gouvernent est vu par elles d'un mauvais œil et traité en étranger. L'être le plus dur peut sentir son cœur se dérider aux caresses des enfants. Ces parents sont de nouveaux maîtres à servir. Véronique regardait la sœur de M. Berloquin comme une ennemie.

Plus d'une fois l'idée de gouverner la maison à titre officiel s'était présentée à l'esprit de la servante : elle songeait à devenir la maîtresse du logis. D'abord vague comme le nuage qu'un coup de vent dissipe, l'idée avait résisté aux objections que Véronique s'était faites. Tout en M. Berloquin prêtait à de telles aspirations. Il n'avait pas d'amis en ville, n'invitait personne à sa table et n'acceptait pas davantage d'invitations au dehors. Toute sa vie, il l'avait passée en bonne intelligence près de Véronique, grommelant parfois, mais revenant à une humeur presque égale au bout de quelques heures. Pourquoi un nœud officiel ne consacrerait-il pas cette vie si paisible?

Que de rêves à travers lesquels Véronique, devenue madame Berloquin, porterait la tête haute dans les rues de Loches, et fraierait, grâce à sa fortune, avec les plus grandes dames de la ville!

M. Berloquin possédait de la terre, beaucoup de terre, l'appât des paysans! M. Berloquin touchait à la soixantaine. Régulièrement Véronique, qui n'avait que quarante ans, devait survivre d'une vingtaine d'années au vieillard. Veuve, riche, elle quitterait Loches et se retirerait dans son village avec de grosses rentes. Peu de maisons de célibataires où de tels rêves n'emplissent les cuisines. Les maîtres sont obéis au doigt, encouragés dans leurs manies. A l'heure dite, ils trouvent le dîner cuit à point; leurs pantoufles sont invariablement à la place consacrée; les lits sont bordés « dans la perfection ». Ces attentions ne sont pas obtenues sans arrière-pensée.

— *Si vous saviez comme je le soigne!* était la réponse invariable que faisait Véronique au notaire Quinard qui s'informait de la santé de M. Berloquin.

La gouvernante avait fondé quelque espoir sur le notaire chargé des intérêts du célibataire. Quelle aide ne pouvait-il pas prêter au moment venu? Aussi, les cerises, les fraises, les tomates, les fruits et les fleurs du potager de M. Berloquin pleuvaient chez Me Quinard, un peu étonné de semblables libéralités. Toutefois, les compliments réitérés de Véronique, ses soins à fournir de primeurs la table du notaire, ne pouvaient tromper longtemps un homme habitué à dévider l'écheveau des intérêts.

— Elle veut me mettre dans son jeu, se dit Me Quinard quand il lui fut démontré que M. Berloquin tolérait ces petits cadeaux plutôt qu'il ne les encourageait.

Curieux et observateur, le notaire de Loches s'amusa de ce petit drame et en attendit patiemment le dénoûment; mais un fait dérouta absolument le praticien qui, de son cabinet, avait fait un laboratoire et, de ses dossiers, des bureaux où il étiquetait toutes les infirmités des consciences bourgeoises.

L'hiver qui suivit le départ de la belle-sœur de M. Berloquin semblait devoir ancrer plus profondément la gouvernante au logis; cependant un matin elle se présentait en larmes dans le cabinet de M⁵ Quinard pour lui faire ses adieux.

— Je pars, dit-elle en fondant en sanglots.

— Comment, Véronique, vous quittez ainsi votre maître? Que s'est-il donc passé?

Alors la gouvernante raconta au notaire que le terrible drame de la sonnette se perpétuait et que M. Berloquin ne voulait appeler aucun secours du dehors pour sa sûreté personnelle. Aux abois, se creusant l'esprit pour chercher des moyens de défense et n'y réussissant pas, Véronique en était arrivée à avoir « les sangs tournés. »

La veille au soir, elle et M. Berloquin avaient échelonné dans le cul-de-sac des Trois-Visages une certaine quantité de piéges à loup pour y prendre les malfaiteurs : ils devaient être plusieurs pour réussir dans leurs combinaisons. Les piéges étaient restés intacts, sans qu'il en fût de même de la sonnette. Encore une fois elle avait été secouée et arrachée violemment comme les précédentes. M. Berloquin en était devenu plus blanc qu'un linge. Cette vie d'angoisses ne pouvait durer. Véronique avait proposé à son maître de prévenir le commissaire de police, le brigadier de gendarmerie. M. Berloquin, pelotonné dans sa terreur, n'en voulait pas plus sortir que les bestiaux surpris par l'incendie dans leurs étables.

— Il est certain, ajoutait Véronique, que des gendarmes formant la chaîne autour de la maison feraient cesser ces incidents diaboliques de la nuit de Noël.

La gouvernante, ne pouvant parvenir à mettre la main sur les coupables qu'elle guettait depuis sept ans, renonçait à servir de guide à M. Berloquin. Elle avait peur, réellement peur de cet avenir menaçant. Elle réclamait de l'aide du dehors, on le lui refusait. Si elle était maîtresse dans la maison, de pareilles scènes ne se renouvelleraient plus.

Le notaire jugea que Véronique raisonnait sagement. Il fallait décider M. Berloquin à se mettre sous la protection de l'autorité; mais les avis de M° Quinard furent en pure perte. Le célibataire ne voulait pas que le secret de sa vie fût livré au public : appeler le commissaire de police, faire venir un piquet de gendarmerie, c'était devenir la fable du pays, donner pâture à la malignité des badauds, peut-être fournir prise aux railleries du démagogique *Indépendant de Loches*, qui ne devait pas pardonner à M. Berloquin d'avoir cessé son abonnement.

Véronique resta, vaincue par les supplications de

son maître ; mais la question de cabinet n'en fut pas moins posée par la gouvernante.

Qui avait soin de la santé chancelante de M. Berloquin depuis vingt-trois ans? Qui serait capable de « border le lit de Monsieur » avec autant d'attentions?

Le célibataire répondit par un « *nous verrons* » qui fit bondir d'allégresse le cœur de Véronique. Ses aspirations n'étaient pas repoussées absolument; toutefois, la gouvernante ne se doutait pas des pensées contradictoires qui troublaient l'esprit de son maître.

A Tours, vivait un homme riche que toute la ville appelait « Monsieur de la Cuisine, » pour le railler d'avoir épousé sa femme de charge. Dans une autre ville, un certain Cussonnière avait été surnommé Cussonnière-Torchon, pour le même motif.

M. Berloquin craignait l'opinion publique et les gausseries d'une province fertile en sobriquets. Le célibataire avait été ondoyé sur les fonts baptismaux avec le nom de ses aïeux; il voulait conserver pure la mémoire des Berloquin. Cette seule considération le retenait.

Le bourgeois savait bien qu'il lui serait impossible de se passer de Véronique; une seconde Véronique ne pouvait se rencontrer. Quand la gouvernante se vantait de dorloter son maître comme pas une, elle disait vrai.

Gagner du temps, tel fut le plan du célibataire qui se fiait sur l'avenir pour arranger cette difficile affaire. Cette année-là s'écoula calme pour M. Berloquin et sa gouvernante. Afin d'éviter le retour des scènes désastreuses qui se produisaient à la Noël, Véronique et son maître combinèrent de nouveaux moyens de défense. Des poutres furent placées en travers du cul-de-sac des Trois-Visages. Comme personne n'y passait, il fut facile d'y disposer tout un attirail de planches, de fagots, de tessons de bouteilles qui valaient mieux qu'un piquet de gendarmes.

Un vieux mousquet au bras, M. Berloquin montait la garde derrière la barricade qui eût fait honneur aux fabricants habituels de ces sortes de produits des grandes villes.

A la fenêtre du grenier, sur un pont volant servant à remonter les foins, Véronique guettait l'arrivée de l'ennemi.

— Hem! fit en bas M. Berloquin pour s'assurer que la servante était à son poste.

— Hem! hem! répondit Véronique du second étage.

Il avait été convenu qu'à chaque heure ce signal serait répété pour que les défenseurs s'assurassent réciproquement qu'ils veillaient et que rien de nouveau ne se produisait au dehors.

Vers les deux heures du matin une neige froide commença à tomber, qui rendait la faction de M. Berloquin fort pénible.

— Bientôt, pensa-t-il, j'en serai quitte.

En atteignant quatre heures du matin, il était à peu près certain que le petit jour éloignerait les malfaiteurs habituels; et quoiqu'il souffrît du froid, le célibataire ne pouvait s'empêcher de reconnaître que

Véronique avait usé d'un bon moyen de défense.

Quatre heures sonnèrent.

— Hem! fit M. Berloquin, qui voulut encore rester quelques instants à son poste.

— Hem! hem! répéta Véronique.

— Sauvé! ne put s'empêcher de s'écrier le bourgeois oubliant les fatigues de la nuit, le froid et la neige.

Mais presque au même moment, la terrible sonnette se fit entendre avec un son de cuivre éraillé.

— Ah! s'écria M. Berloquin en laissant tomber son mousquet et en se précipitant dans la maison où bientôt il retrouva Véronique, descendue de son observatoire.

Une lanterne à la main, tous deux contemplaient la victime étendue sur le carreau, sans voix pour accuser le coupable. Cette fois M. Berloquin était devenu sombre. Les autres années, il se laissait aller à l'indignation; mais il semblait touché au cœur et sa douleur était muette.

— J'avais bien dit qu'il fallait des gardiens, s'écria Véronique.

Le célibataire ne répondait pas tant il était accablé; ni le mousquet dont était armé M. Berloquin, ni les barricades de l'invention de Véronique, ni la garde montée par le bourgeois, ni le poste d'observation au grenier n'avaient protégé la sonnette! Fallait-il revenir à l'ordre des phénomènes et des miracles? Pourquoi la Providence se fût-elle acharnée à châtier M. Berloquin, qui ne se recconnaissait coupable d'aucun crime?

Cependant Véronique s'empressait d'allumer un grand feu à la cuisine, car son maître grelottait. Il n'avait pas, à l'âge de soixante ans, monté cette longue garde sous le coup de la bise et de la neige, sans y avoir laissé de sa chaleur naturelle.

Véronique, voyant son maître plongé dans la mélancolie, décrocha une grande bassinoire dont le couvercle représentait le profil de Louis XIV ; ayant approché le roi-soleil du foyer, elle le garnit intérieurement d'une couche de cendres brûlantes, de braises, d'une pincée de sucre, ajouta encore une couche de cendres et introduisit prudemment la bassinoire dans le lit de son maître. Même l'adjonction d'un doux « aigledon » ne ramenait pas la bonne humeur de M. Berloquin, qui se laissa border sans y répondre par son remercîment habituel.

Malgré ces prévenances, il résulta de cette fâcheuse nuit, pour le malheureux célibataire, une série de rhumatismes qui déterminèrent une série de soins de Véronique. La gouvernante pouvait le dire au notaire sans se vanter : elle était réellement attachée à son maître. Cela se voyait aux douces flanelles qu'elle cousait, aux tampons de ouate, aux émollients de toute espèce qu'elle seule savait imaginer, et qui était encore supérieurs à ses confitures.

Comme elle s'ingéniait à poursuivre les terribles fraîcheurs pour les déloger du corps de M. Berloquin ! Comme elle disposait savamment les oreillers dans le fauteuil où le célibataire était condamné à rester ! Non ! il n'y avait pas deux femmes si dévouées au monde. Aussi plusieurs fois, le *nous verrons* de M. Berloquin s'échappa-t-il de ses lèvres avec un son plus affirmatif que d'habitude.

L'été arriva qui enleva à M. Berloquin ses fraîcheurs et lui permit de se promener à son aise, de respirer l'air des champs en allant rendre visite à ses fermiers.

En voyant son maître si gaillard, Véronique regretta presque d'avoir mis en fuite les rhumatismes. A mesure que les forces du célibataire renaissaient, ses promesses s'évanouissaient. C'était décidément un être sans loyauté, qui, à de nombreux défauts, joignait l'ingratitude la plus absolue.

Tous les jours, la gouvernante guettait le moment de remettre son rêve sur le tapis ; mais M. Berloquin avait l'astuce d'échapper à cet entretien, quand il le sentait poindre.

— Attendons ! se dit Véronique, qui, comme toutes les paysannes, était tenace, ne fatiguait pas son cerveau par le poids des idées, et en caressait une seule, dont l'isolement favorisait la force.

Cette pensée matrimoniale, qui avait d'abord été un chétif feu follet disparaissant au moindre souffle, était devenue une chandelle de la grosseur d'un cierge, une chandelle que Véronique avait fait bénir par tous les saints de la Touraine sans s'éteindre jamais et qui projetait une clarté considérable dans la cuisine ; aucun lumignon ne pouvait affaiblir la lueur de ce flambeau de l'hyménée, et la gouvernante en prenait autant de soin que les Vestales entretenant le feu sacré

27.

sur les autels des dieux. Aussi tous les objets les plus vulgaires de l'office prenaient-ils un air de fête, depuis la crémaillère suspendue dans l'âtre jusqu'aux casseroles.

La batterie de cuisine recevait des points lumineux particuliers qui ne provenaient point seulement des jeux habituels de l'ombre et de la lumière ; il y avait dans l'arrangement des plats des apparences de noces, et le cuivre et le fer des ustensiles de ménage chantaient des duos d'allégresse matrimoniale.

Assez solidement bâtie pour ne porter ni jupons ni corset, Véronique rappelait ces robustes femelles dont les peintres flamands se sont plu à rendre les fermes appas; mais le maigre M. Berloquin ne paraissait pas se connaître en ces objets d'art ni en subir la puissante influence. Il se contentait de rester célibataire endurci, préoccupé d'éluder des ombres de promesse.

Ses indispositions lui avaient même enlevé de la mémoire les singuliers événements de Noël et il les eût oubliés tout à fait si Véronique ne lui avait un matin, présenté la note du quincaillier. M. Berloquin y jeta un regard mélancolique. Le marchand réclamait 12 francs 50 cent. pour la livraison des deux dernières sonnettes.

En voyant avec quelle peine son maître tirait de la monnaie de son gousset :

— Si monsieur se passait de sonnette dorénavant ? dit Véronique.

M. Berloquin répondit par un *heu* qui signifiait qu'il y réfléchirait. Et il s'enfonça la tête dans les mains, trouvant que la proposition de sa gouvernante avait du bon.

Il était certain que les divers moyens de défense employés jusque-là n'avaient servi de rien et que le perturbateur nocturne n'en continuait pas moins ses agressions. Supprimer le corps du délit, c'était supprimer tout délit futur. Cependant qui ouvrirait la porte aux fournisseurs? Comment M. Berloquin serait-il prévenu de l'arrivée de quelqu'un? Une maison sans sonnette ressemble à celle d'un mort. Dans sa sagesse, le bourgeois décida qu'il valait mieux lasser l'ennemi qui troublait son repos. Et en ceci, il fit preuve de courageuse résolution.

L'automne arriva vite avec des nuages chargés d'humidité et divers symptômes annoncèrent à M. Berloquin qu'il fallait décidément compter chaque hiver avec les rhumatismes. Véronique fut heureuse de n'avoir pas brusqué les choses : comme un chat attendant patiemment que la souris sortît de son trou, une fois par an elle était à peu près certaine maintenant de tenir son maître qui, étendu dans son fauteuil, ne pouvait lui échapper.

La main de la gouvernante devint plus onctueuse que jamais en matière de massages, ses cataplasmes plus émollients. Véronique trouva des farines de graine de lin douces comme de la rosée, et le malade ressentit l'action de soins pénétrants qui entrent pour une grande part dans le succès des remèdes.

Quand Véronique dépeignit à mots couverts l'heureux avenir que se préparait un homme « d'un certain âge » en entrant dans le port du mariage, M. Berloquin essaya d'en revenir à son vieux jeu de temporisateur ; mais en pareille circonstance ses atouts devenaient faibles. Il n'était plus permis de se sauver de la partie en jetant les cartes sur table. Il fallait payer comptant. Pour la deuxième fois l'homme était cloué dans son lit par une affection qui, en s'en allant, disait : au revoir. Il en pouvait être ainsi longtemps. Qu'arriverait-il si Véronique, furieuse d'échouer dans ses projets, quittait la maison ?

— Eh bien, non, elle ne quittera pas, pensait M. Berloquin ; la force de l'habitude, une existence tranquille, de bons gages la retiendront.

Ce fut un éclair que cette dernière idée. Augmenter les émoluments de celle qui, depuis vingt ans de service, touchait cent quatre-vingt francs par an. Lancé à toute vapeur sur les rails de la générosité, le bourgeois arrondirait cette somme et, de son propre chef, la porterait à deux cents francs. Deux cents livres par an pour la « location » d'une servante représentaient une somme considérable à Loches.

Un soir que Véronique s'apprêtait à remplir ses fonctions de garde-malade, et que sur ses lèvres se révélait le retour d'une des demandes qu'elle faisait fréquemment :

— Tu es une bonne fille, dit M. Berloquin, tu me soignes bien, et je veux le reconnaître. A partir de la Saint-Jean prochaine, tu seras augmentée.

— Ce ne sont pas des gages que je réclame, répondit la gouvernante d'un air qui fit réfléchir le malade.

— Oui, je sais ; nous verrons...

— Il n'y a pas de : Nous verrons, s'écria Véronique froide et impétueuse.

Un instant de silence succéda à cette réponse, aussi terrible que la vue d'une batterie démasquée.

— Eh bien, demain...

— Non, plus de demain !

— Tu ne me laisses pas achever, ma bonne... Demain, tu iras chez M. Quinard, et tu le prieras de passer à la maison... J'ai à lui parler.

Véronique se tut sur ce mot. Le notaire, gagné depuis longtemps par les attentions que la gouvernante avait pour lui, n'apporterait certainement aucun obstacle à ce projet. Que lui importait que M. Berloquin épousât sa gouvernante ? Peut-être même prendrait-il en mains les intérêts de Véronique et la ferait-il avantager dans le contrat.

Le lendemain, dès la pointe du jour, la gouvernante alla prévenir M⁰ Quinard de passer chez M. Berloquin pour affaires urgentes. Quand le notaire arriva, il fut reçu par Véronique avec un de ces sourires fondants que connaissent les officiers ministériels appelés en pareille occasion. La gouvernante introduisit M⁰ Quinard dans la chambre de son maître et chercha l'objet qu'elle pourrait bien épousseter, croyant par ce moyen assister à l'entretien.

— Laisse-nous, Véronique, dit le malade ; et si par

hasard quelqu'un me demandait, qu'il attende que j'en aie terminé avec mon notaire.

Véronique sortit avec une certaine émotion. Que faire pour entendre cet entretien d'où dépendait son avenir? Mais, comme il était important de ne pas compromettre par une indiscrétion le succès d'une conférence dont le résultat était certain, elle rentra dans la cuisine et, pour la première fois de sa vie, s'assit sans travailler.

L'entretien lui eût paru long, si ses pensées n'avaient été actives. Cependant la porte de l'antichambre s'ouvrit, et Me Quinard apparut avec un air encore plus gracieux que de coutume.

— Mon enfant, dit-il, voulez-vous demain prendre la peine de passer à mon cabinet.

Véronique crut se trouver mal de joie. Pour la première fois le notaire l'avait appelée : *Mon enfant!*

Elle revint à la chambre de son maître d'un pas léger, comme portée par des ailes d'oiseau. Elle avait quinze ans et eût marché sur des fleurs sans les écraser. Comme M. Berloquin se tut sur l'entretien avec son conseil, la gouvernante eut la discrétion de n'y pas revenir : cette affaire comportait une solennité qui ne devait être traitée que par-devant notaire.

Le lendemain, ayant fait une toilette de « dame, » Véronique se rendit chez Me Quinard. A peine eut-elle posé le pied sur le seuil de l'étude, qu'elle comprit que ses vœux étaient enfin réalisés : le notaire fit rouler à son approche un large fauteuil de cuir dans lequel la servante hésita un moment à s'asseoir, elle qui ne connaissait que la chaise de bois de sa cuisine.

— Mon enfant, dit Mᵉ Quinard d'un ton grave, je suis chargé de vous faire connaître les intentions, à votre égard, de M. Berloquin. Se sentant malade et ayant des appréhensions pour sa santé, il a jugé dans sa sagesse que le moment est venu de reconnaître les soins dont vous l'avez constamment entouré... Entre parenthèse, je vous dirai que M. Berloquin, qui n'est pas accoutumé à la maladie, voit l'état de sa santé plus noir qu'il n'est réellement ; ses souffrances rhumatismales n'empêchent pas les fonctions du corps ; au contraire, un certain nombre de mes clients dans la même situation ont vu, grâce à un régime sain et à toute absence d'émotion, leur état de santé s'améliorer dans cette position. C'est vous donner à comprendre que dans la situation nouvelle que vous crée M. Berloquin, il est de votre intérêt de continuer vos bons soins.

Véronique murmura le même *oui* qu'elle s'apprêtait à prononcer au pied des autels.

— Après de mûres réflexions, continua le notaire, M. Berloquin s'est entendu à vous constituer après sa mort une rente de douze cents francs, indemne de tous droits... Cela est minuté dans le projet de testament que nous avons esquissé ensemble hier, et je suis heureux de vous faire part le premier de cette bonne nouvelle.

La tête de Véronique était retombée sur sa poitrine.

— C'est tout? demanda-t-elle la figure cramoisie quand elle eut la force de la relever.

— Je n'ai pas reçu d'autres instructions, dit Mᵉ Quinard... Trouveriez-vous cette rente insuffisante?

Véronique dans sa confusion ne répondait pas.

— Parlez, dites... Ce testament n'est qu'un projet; je ferai part de vos observations à M. Berloquin.

— C'est inutile, dit Véronique en prenant congé du notaire.

Elle étouffait et avait besoin d'air. Elle sanglotait en dedans. Maintenant le caractère de M. Berloquin lui apparaissait dans toute son indélicatesse. N'osant opposer un refus direct à Véronique, il avait chargé un tiers de parler pour lui. A la fois faible et résolu, cet homme avait une âme de fer dont aucun marteau n'eût pu faire jaillir d'étincelles.

Ce jour-là, avant de revenir à la maison qu'elle maudissait, Véronique fit de longs tours sur le Mail, une promenade où personne de la ville ne se promène. Elle ne se sentait pas assez de sang-froid pour rentrer. Tous ses nerfs se crispaient. Son fonds de paysanne sauvage se révélait et dans son indignation elle eût été capable de dire à son maître : « Vieux chien, crève donc avec tes rhumatismes! » ce qui, naturellement, eût troublé M. Berloquin. Il fallait laisser éclater dans la solitude cette révolte, donner aux nerfs le temps de se calmer.

Après une vingtaine de tours dans ce Mail solitaire, la gouvernante rentra dans le cul-de-sac des Trois-Visages, avec une apparence de calme. Quoique les sentiments broyés par l'énorme pierre que leur avait lancée M⁰ Quinard, Véronique affecta une sorte de placidité : elle ne témoigna pas à son maître que son cœur fût ulcéré et elle continua dès lors à soigner si parfaitement M. Berloquin que, parfois, le célibataire regardait sa servante avec inquiétude, étonné de ce qu'elle ne lui témoignât aucune rancune de sa décision ; cependant le bourgeois, qui jugeait des autres par lui-même, se disait que Véronique avait sacrifié ses prétentions à une rente bien consolidée, et que chez les paysans l'amour de l'argent l'emportait sur l'idée du mariage.

Ces diverses péripéties avaient eu pour résultat de faire oublier la fête de Noël qui approchait et, encore une fois, M. Berloquin était cloué dans son fauteuil, pris par les rotules qui refusaient absolument leur service.

— Je veillerai pour monsieur, dit Véronique qui, pendant trois jours, prépara de nombreux engins de défense et montra une résolution qui semblait se doubler contre les agresseurs anonymes.

A minuit, la gouvernante, jusque-là établie près du lit de son maître, sortit pour veiller à la sûreté de la maison.

A cette heure, M. Berloquin sommeillait, lourdement et légèrement à la fois. Des tressautements névralgiques l'agitaient et le faisaient retomber dans son lit comme s'il eût été précipité d'un cinquième étage. Cela le réveilla désagréablement, quoiqu'il fût aise d'échapper aux mauvais rêves qui troublaient son sommeil.

28

Une veilleuse sur la table de nuit jetait de pâles reflets dans l'appartement. Au dehors, le vent faisait entendre des sifflements de colère qui répondaient à l'état de l'esprit de M. Berloquin. Accoudé sur son lit, il écoutait et réfléchissait.

Tout à coup une lueur se produisit dans le cerveau du malade, et ses yeux brillèrent d'une singulière flamme.

Écartant les draps, sans craindre les rigueurs du froid, car il était emmaillotté de flanelle, M. Berloquin passa les manches de sa robe de chambre. Puis, avec un effort suprême, il descendit du lit ; mais les jambes refusant de le porter, le célibataire se traîna sur le parquet et rampa ainsi jusqu'à la porte de l'appartement. De temps à autre il se reposait, l'oreille aux aguets. Par une volonté qui perlait sous forme de gouttes de sueur, M. Berloquin, se soulevant sur les poignets, atteignit le loquet de la porte et le souleva.

Qui eût vu le célibataire ramper par le corridor eût pensé à un serpent se glissant dans un maquis. C'étaient des allongements de membres, des pelotonnements contre les murailles, des arrêts anxieux, des tensions de nerfs désespérées, dont seule l'ombre avait connaissance. Au milieu de ce silence de nuit, M. Berloquin percevait des bruits qui eussent échappé aux oreilles des plus fins.

Au moment où il touchait la porte d'entrée du corridor donnant dans la cour, M. Berloquin faillit se trouver mal. Comme un naufragé qui, pendant une lieue, lutte contre les flots et coule à fond à bout d'efforts, le célibataire sentait le cœur lui manquer. Des chaleurs morbides parties de l'intérieur faisaient osciller sa tête et rendaient haletante sa respiration.

Tout à coup, l'infernal tapage de la sonnette se fit entendre !

Ouvrant la porte dans un accès de rage :

— Malheureuse ! s'écria M. Berloquin face à face avec Véronique qui, frénétiquement suspendue au cordon, détruisait pour la douzième fois la sonnette de son maître.

1872.

TABLE

Histoire du lieutenant Valentin	1
Le Marronnier	41
Madame Eugenio	99
Les bras de la Vénus de Milo	241
Les deux amis	271
La sonnette de M. Berloquin	293

www.ingramcontent.com/pod-product-compliance
Lightning Source LLC
Chambersburg PA
CBHW060356170426
43199CB00013B/1891